Fale Tudo em Inglês em viagens!

Veja como acessar o áudio p. 184

JOSÉ ROBERTO A. IGREJA

Fale Tudo em Inglês em viagens!

UM GUIA COMPLETO PARA COMUNICAÇÃO EM VIAGENS

13ª REIMPRESSÃO

© 2008 José Roberto A. Igreja

Preparação de texto
Luiz Fernando Cardoso / Verba Editorial

Capa e projeto gráfico
Paula Astiz

Editoração eletrônica
Paula Astiz / Paula Astiz Design

Ilustrações
Carlos Cunha / Lydia Megumi (mapas)

Fotos de capa
© Corbis/LatinStock

Áudio
Locutores: Cory Willis, Richard Rafterman, Sarah Johnson
Produtora: jm produção de áudio

Dados Internacionais de Catalogação na Publicação (CIP)
(Câmara Brasileira do Livro, SP, Brasil)

Igreja, José Roberto A.
  Fale tudo em inglês em viagens! : um guia completo para a comunicação em viagens... / José Roberto A. Igreja. – Barueri, SP : DISAL, 2008.

  ISBN 978-85-7844-004-6

  1. Inglês – Vocabulários e manuais de conversação – Português 2. Português – Vocabulários e manuais de conversação – Inglês I. Título.

08-09867
CDD-428.2469
-469.8242

Índices para catálogo sistemático:
1. Guia de conversação inglês-português : Linguística 428.2469
2. Guia de conversação português-inglês : Linguística 469.8242

Todos os direitos reservados em nome de:
Bantim, Canato e Guazzelli Editora Ltda.

Alameda Mamoré 911, sala 107, Alphaville
06454-040, Barueri, SP
Tel. / Fax: (11) 4195-2811
Visite nosso site: www.disaleditora.com.br
Televendas: (11) 3226-3111
Fax gratuito: 0800 7707 105/106
E-mail para pedidos: comercialdisal@disal.com.br

Nenhuma parte desta publicação pode ser reproduzida, arquivada ou transmitida de nenhuma forma ou meio sem permissão expressa e por escrito da Editora.

Sumário

Apresentação 9

1. Primeiros Contatos 13

Saudações 13
Despedindo-se 14
Apresentando a si mesmo 15
Pedindo informações pessoais 15
Perguntas úteis 16
Expressões usuais 17
Diálogo: Como está o tempo hoje? 18
Falando sobre o tempo 18
A temperatura: Celsius/Centígrados e Fahrenheit 19
Tabela comparativa de temperatura: Celsius/Centígrados e Fahrenheit 20
Fazendo a conversão 20
A previsão do tempo 20
O tempo: como você se sente 21
Ruídos na comunicação 22
O Alfabeto: como pronunciar 22
Diálogo: Você pode soletrar por favor? 23

2. Aeroporto & Avião e outros meios de transporte 25

Diálogo: Fazendo o *check-in* no aeroporto 25
No aeroporto: frases do atendente de *check-in* 26
No aeroporto: frases do passageiro 27

No aeroporto: as perguntas do funcionário da alfândega 27
Passando pela alfândega: as respostas do visitante 28
No aeroporto: Vocabulário & Expressões em Uso 29
No avião: as frases da tripulação 32
No avião: as frases do passageiro 34
Indo do aeroporto ao hotel 35
Dica legal 1: Meios de transporte 36
Pegando um táxi 36
Diálogo: Alugando um carro 37
Alugando um carro: Frases do atendente da locadora 38
Dica legal 2: Carros com câmbio automático 39
Alugando um carro: Frases do turista 39
Dica legal 3: Seguro de carros 41
No posto de gasolina 41
Dica legal 4: Postos de gasolina 42
Problemas com o carro 43
Viajando de carro: Vocabulário & Expressões em Uso 44
Placas de trânsito comuns em países de língua inglesa 47
Glossário temático: O automóvel 53

3. Acomodação & Hospedagem 55

Fazendo reserva em um hotel por telefone 55
Dica legal 5: Motéis 56
Tipos de acomodação e instalações 56
Fazendo o *check-in* no hotel 57
No hotel: serviço de quarto 58
No hotel: problemas no quarto 59
Diálogo: Problemas com o ar condicionado 60
No hotel: pedidos e necessidades 60
No hotel: fazendo o check-out 62
Dica legal 6: Check-out 63
Pedindo indicação de caminho 63
Diálogo: Pedindo indicação de caminho 64
Indicando o caminho 64
Ligações telefônicas: pedindo ajuda à telefonista 65
Ligações telefônicas: frases usuais 66

4. Alimentação 69

Diálogo: Procurando um lugar para comer 69
Procurando um lugar para comer: frases comuns 70
Chegando ao restaurante 70

No restaurante: pedindo o cardápio 71
No restaurante: frases do garçom 71
No restaurante: fazendo o pedido 72
No restaurante: pedindo bebidas 73
No restaurante: outros pedidos e comentários 74
Comentários ao final da refeição 75
Dica legal 7: Gorjetas 75
Diálogo: Na lanchonete 76
Cardápios 76
Dica legal 8: Imposto de vendas 85
Glossário temático: Alimentação 86

5. Atrações Turísticas & Lazer e Diversão 93

Diálogo: Que lugares devemos visitar? 93
Planejando um passeio turístico pela cidade 94
Fazendo um passeio turístico pela cidade 94
Placas comuns em países de língua inglesa 95
Glossário temático: Lazer e diversão 97
Lazer e diversão: Vocabulário & Expressões em Uso 99

6. Fazendo Compras 103

Diálogo: Na loja de calçados 103
Comprando roupas e calçados: frases do balconista 104
Comprando roupas e calçados: perguntas do cliente 105
Comprando roupas e calçados: comentários do cliente 106
Fazendo compras no supermercado 107
Fazendo compras: Vocabulário & Expressões em Uso 107
Reclamando de algo que você comprou 109
Glossário temático: Roupas e calçados 110
Câmbio: trocando dinheiro 111
Dinheiro: Cédulas e moedas usadas nos Estados Unidos e Inglaterra 112
Lojas e Serviços: frases usuais 119
Dica legal 9: Unidades de medida 120
No correio: frases usuais 121
Glossário temático: Lojas e serviços 122
Dica legal 10: Deli 122
Fazendo compras na farmácia 123
Glossário temático: Artigos de farmácia 124

7. Saúde & Emergências 125

Diálogo: Uma consulta médica 125
Uma consulta médica 126
Dizendo ao médico como você se sente 127
Glossário temático: Corpo humano & Sintomas 129
Uma consulta dentária 131
Glossário temático: No dentista 132
Emergências: Frases úteis 132
Glossário temático: Emergências 133

Diálogos Traduzidos 135

Glossário Português-Inglês 141

Glossário Inglês-Português 159

Mapas e Bandeiras: Estados Unidos & Reino Unido 179

Guia de Áudio: Faixa e Página 181

Como acessar o áudio 184

Apresentação

Bem-vindo a *Fale Tudo em Inglês em Viagens!* Você tem em mãos um guia útil e prático que vai lhe auxiliar na comunicação em viagens de negócios ou lazer a países de língua inglesa. O conteúdo deste guia foi cuidadosamente planejado tendo em vista as variadas situações vivenciadas por aqueles que precisam se expressar no idioma inglês em viagens e inclui:

- No aeroporto: fazendo o *check-in* e passando pela alfândega.
- No avião: frases usuais da tripulação e dos passageiros.
- Transporte: pegando um táxi; alugando um carro; no posto de gasolina
- Acomodação, hospedagem e alimentação
- Atrações turísticas, lazer e diversão
- Fazendo compras
- Ligações telefônicas
- Saúde e emergências

Perguntas e frases usuais

Seja em hotéis, lojas ou restaurantes, conversando com o atendente de check-in no aeroporto ou alugando um carro, você poderá contar com todas as perguntas e frases recorrentes vivenciadas pelo viajante a países de língua inglesa. Você poderá também ouvir e praticar estas frases e perguntas através do áudio que acompanha o livro.

Diálogos situacionais

Ao longo de *Fale Tudo em Inglês em Viagens!* são também apresentados diálogos que retratam situações típicas de turistas em viagem a países de língua inglesa, e que você poderá também praticar através do uso do áudio. Veja alguns desses diálogos abaixo:

- Fazendo o *check-in* no aeroporto
- Alugando um carro
- Pedindo indicação de caminho
- Procurando um lugar para comer
- Que lugares devemos visitar?
- Na loja de calçados

Vocabulário & expressões em uso

Esta seção apresenta palavras e expressões usuais em frases contextualizadas: uma ótima forma de você aprender e revisar expressões muito úteis para a comunicação durante a sua viagem. Estas palavras e expressões estão agrupadas em categorias como, por exemplo, aeroporto; viagem de carro; compras; lazer e diversão.

Dicas legais

Fale Tudo em Inglês em Viagens! apresenta também valiosas dicas e informações culturais para os que viajam a países de língua inglesa. Destacamos entre outras:

- Placas de trânsito comuns em países de língua inglesa
- Conversão da escala de temperatura Fahrenheit para a Celsius, utilizada no Brasil, e tabela comparativa
- Cédulas e moedas utilizadas nos Estados Unidos e Inglaterra
- Cardápios comuns nos países de língua inglesa

Glossários temáticos

Para garantir a comunicação precisa em cada uma das variadas situações de conversação, você poderá também contar com glossários temáticos, apresentados ao longo do livro. Alguns dos tópicos abordados incluem: alimentação; lazer e diversão; lojas e serviços; emergências.

Glossário português-inglês e inglês-português

Além dos glossários temáticos que abordam situações específicas, você encontrará ao final do livro um glossário geral. A procura poderá ser feita a partir do idioma português ou inglês, e as diferenciações entre inglês americano e britânico também são sempre apresentadas.

Áudio: frases usuais e diálogos situacionais

O áudio que acompanha o livro é uma valiosa ferramenta que permite a você praticar e melhorar a compreensão auditiva de frases e diálogos usuais. O uso do áudio é também uma ótima forma de se preparar antecipadamente para situações que irá vivenciar, revisando frases e vocabulário indispensáveis à comunicação em inglês durante viagens.

Enjoy your trip!

Primeiros Contatos

Saudações
 *Greetings*

Olá!/Oi!
Hello!/Hi!
Como está?/Como vai?
How are you?
Estou bem, obrigado. E você?
I'm fine, thank you. And you?
Bem, obrigado.
Fine, thank you.
Bom dia!
Good morning!
Boa tarde!
Good afternoon!
Boa noite!
Good evening!
Boa noite!
Good night!*
Muito prazer!/Prazer em conhecê-lo!
Nice to meet you!

---

* Usado ao se retirar ou antes de ir dormir.

Muito prazer!
How do you do?*
Muito prazer!/Prazer em conhecê-lo!
(I'm) glad/pleased to meet you!
O prazer é meu!
Nice to meet you too!
O prazer é meu!
(I'm) glad/pleased to meet you too!
Eu também/O prazer é meu!
Same here!**

Despedindo-se
 Saying good-bye

Tchau!
Bye (, bye)!
Até mais tarde!/Te vejo mais tarde!
See you later!
Até amanhã!
See you tomorrow!
Te vejo por aí!
See you around!
Depois conversamos, tchau!
I'll talk to you later, bye!
Cuide-se!
Take care!
Tenha um ótimo dia, tchau!
Have a great day, bye!
Boa noite!
Good night!

* Mais formal.
** Mais informal; pode ser usado para responder todas as variações de "Nice to meet you!".

Apresentando a si mesmo
Introducing yourself

Meu nome é...
My name is...

Deixe-me apresentar, eu sou...
Let me introduce myself, I'm...

Eu sou do Brasil/etc.
I'm from Brazil/etc.

Eu sou Brasileiro/etc.
I'm Brazilian/etc.

Eu nasci no Brasil/etc.
I was born in Brazil/etc.

Eu moro em...
I live in...

Eu sou professor/advogado/médico/etc.
I'm a teacher/lawyer/doctor/etc.

Tenho trinta e três anos de idade.
I'm thirty-three years old.

Sou solteiro(a).
I'm single.

Sou casado(a).
I'm married.

Pedindo informações pessoais
Asking for personal information

Qual é o seu nome?/Como você se chama?
What's your name?

Qual é o seu sobrenome?
What's your last name?

O que você faz?
What do you do?/What do you do for a living?

Qual a sua ocupação?/O que você faz?
What's your occupation?

De onde você é?
Where are you from?

Qual é a sua nacionalidade?
What's your nationality?

Onde você nasceu?
Where were you born?

Onde você mora?
Where do you live?

Quantos anos você tem?/Qual a sua idade?
How old are you?

Perguntas e frases úteis
Useful questions and phrases

Quanto custa?
How much is it?

Quanto tempo leva para chegar lá?
How long does it take to get there?

Qual é a distância daqui?
How far is it from here?

Há um hotel/albergue da juventude aqui perto?
Is there a hotel/youth hostel near here?

Como posso chegar a...
How can I get to...

Onde fica a estação de metrô/trem mais próxima?
Where is the nearest subway/train station?

Onde posso pegar um táxi, por favor?
Where can I get a taxi, please?

Fica longe demais para ir a pé?
Is it too far to walk?

Onde eu posso...?
Where can I...?

Preciso...
I need...

Estou procurando...
I'm looking for...

Onde fica o banheiro, por favor?
Where's the toilet, please?

Sou brasileiro(a)/Sou do Brasil.
I'm Brazilian/I'm from Brazil.
Desculpe-me, não entendo...
Sorry, I don't understand...
Não falo inglês muito bem...
I don't speak English very well...

Expressões usuais
Usual expressions

Com licença...
Excuse me...
Desculpe!/Perdão!
Sorry!
Obrigado!
Thank you!
Não há de que!
You're welcome!
É claro!
Of course!
Sério?
Really?
Não sei...
I don't know...
Não tenho certeza...
I'm not sure...
Talvez...
Maybe/perhaps...
Só um minuto, por favor...
Just a minute please...

🔊 *Dialogue: What's the weather like today?*

Tourist: What's the weather like today?
Reception desk: Well, it was kind of cloudy early in the morning, but the sun is coming out now.
Tourist: Is it hot enough to go swimming?
Reception desk: I think so, sir. But even if it isn't, one of our swimming pools is heated, so you can definitely use that one.
Tourist: Oh, it's good to know that. Thanks!

Veja a tradução desse diálogo na p. 135.

Falando sobre o tempo
🔊 *Talking about the weather*

Como está o tempo hoje?
What's the weather like today?

Está quente/frio.
It's hot/cold.

Está ensolarado.
It's sunny.

Está nublado.
It's cloudy.

Está chuvoso.
It's rainy.

Está ventando.
It's windy.

Está nevando.
It's snowy.

Está meio nublado.
It's kind of cloudy.

Está friozinho.
It's chilly.

Está fresco.
It's cool.

Está quente.
It's warm.
Está abafado.
It's stuffy.
Está ameno.
It's mild.
Parece que vai chover.
It looks like it's going to rain.
Está chovendo.
It's raining.
Está caindo um pé d'água!
It's pouring!
Está garoando.
It's drizzling.
Está congelante!
It's freezing!

A temperatura: Celsius/Centígrados e Fahrenheit
The temperature: Celsius/Centigrade and Fahrenheit

Está fazendo cinqüenta graus Fahrenheit.
It's fifty degrees Fahrenheit.*
Está trinta graus Celsius/centígrados.
It's thirty degrees Celsius/Centigrade.
Está muito frio hoje. A temperatura aproximada é de cinco graus Celsius/centígrados.
It's really cold today. The temperature is about five degrees Celsius/Centigrade.
Está quente mesmo hoje, a temperatura aproximada é de cem graus Fahrenheit!
It's really hot today, it's about one hundred degrees Fahrenheit!

---

* Veja a tabela comparativa de temperatura na página seguinte.

TABELA COMPARATIVA DE TEMPERATURA	
CELSIUS/CENTÍGRADOS	FAHRENHEIT
40	104
35	95
30	86
25	77
20	68
15	59
10	50
5	41
0	32
-5	23
-10	14
-15	5
-20	-4
-25	-13
-30	-22

FAZENDO A CONVERSÃO

Para converter graus Fahrenheit em graus Celsius/centígrados, subtraia 32 e divida o resultado por 1,8.
Ex. 86º F - 32 = 54/1,8 = 30º C

Para converter graus Celsius/centígrados em graus Fahrenheit, multiplique por 1,8 e adicione 32.
Ex. 20º C x 1,8 = 36 + 32 = 68º F

A previsão do tempo
The weather forecast

Qual é a previsão do tempo para hoje/o fim de semana?
What's the weather forecast for today/the weekend?
Vai fazer calor o dia todo.
It's going to be hot all day.

Vai chover à tarde.
It's going to rain in the afternoon.

Parece que teremos um dia ensolarado/chuvoso.
It looks like we'll have a sunny/rainy day.

A temperatura está subindo.
The temperature is rising.

A temperatura está caindo.
The temperature is dropping.

Como é o tempo onde você vive/no seu país?
What's the weather like where you live/in your country?

Eu vivo em um país tropical, então geralmente faz calor.
I live in a tropical country, so it's usually hot.

Neva no inverno?
Does it snow in the winter?

Faz sol no verão?
Is it sunny in the summer?

O tempo: como você se sente
The weather: how you feel

Estou com frio.
I'm cold.

Estou sentindo frio.
I'm feeling cold.

Estou morrendo de frio.
I'm freezing to death.

Estou com calor.
I'm hot.

Estou sentindo calor.
I'm feeling hot.

Estou derretendo.
I'm melting.

Qual sua estação do ano preferida?
What's your favorite season?

Prefiro o verão/o inverno/o outono/a primavera.
I prefer the summer/the winter/the fall (autumn)/the spring.

Ruídos na comunicação
🎧 Communication problems

Como? (Pedindo para repetir.)
Pardon me?
Desculpe, como? (Pedindo para repetir.)
I beg your pardon?
Desculpe, você pode repetir, por favor?
Sorry, can you say it again, please?
Você poderia, por favor, falar devagar?
Could you please speak slowly?
Desculpe, não entendi...
I'm sorry, I didn't understand...
Poderia explicar novamente?
Could you explain that again?
Como se chama isto em inglês? (Mostrando algo.)
What do you call this in English?
Você poderia escrever para mim, por favor?
Can you write it for me please?
Desculpe, não entendo o que você está falando.
Sorry, I don't understand what you are saying.
Como se soletra...?
How do you spell...?
Você pode soletrar por favor?
Can you spell it please?

O Alfabeto: como pronunciar
🎧 The Alphabet: how to pronounce

Saber pronunciar as letras do alfabeto inglês pode ser bastante útil em uma viagem internacional de turismo ou negócios. É muito comum, por exemplo, ao fazer o *check-in* no aeroporto ou hotel ouvir a pergunta *How do you spell...?* (Como se soletra ...?) para confirmação de nomes, sobrenomes e outras informações. Portanto, não deixe de treinar ouvindo a pronúncia das letras do alfabeto no áudio e aproveite para praticar soletrando as letras de seu nome e sobrenome.

O ALFABETO / THE ALPHABET

**A B C D E F G H I
J K L M N O P Q R
S T U V W X Y Z**

🎧 Dialogue: Can you spell it please?

Reception desk: What's your last name, sir?
Tourist: Albuquerque
Reception desk: Can you spell it please?
Tourist: Sure! A - L - B - U - Q - U - E - R - Q - U - E.
Reception desk: Albuquerque, right! Can you sign here, please?
Tourist: Ok!
Reception desk: Very good sir. You're in room 503. Here's your key.
Tourist: Thank you very much.
Reception desk: You're welcome sir!

Veja a tradução desse diálogo na p. 135.

Aeroporto & Avião e outros meios de transporte

🎧 Dialogue: Checking in at the airport
Flight 5105 to Miami, now boarding at gate 31...

Check-in attendant: Good morning sir. May I see your passport and ticket please?
Tourist: Sure! Here you are.
Check-in attendant: Thank you sir. Can you please put your bag on the scale?
Tourist: Ok!
Check-in attendant: Very good sir. Here's your boarding-pass. The plane starts boarding at 7 a.m. You will board at gate 23.
Tourist: Thank you!
Check-in attendant: You're welcome sir! Have a nice flight.

Veja a tradução desse diálogo na p. 136.

No aeroporto: frases do atendente de *check-in*
At the airport: check-in agent's phrases

Posso ver seu passaporte e passagem, por favor?
Can I see your passport and ticket please?
Quantas malas o(a) senhor(a) está levando?
How many bags are you checking sir/ma'am?
O(A) senhor(a) pode colocar a mala na balança, por favor?
Can you place your bag on the scale please?
Você tem bagagem de mão?
Do you have any carry-on luggage?/Do you have any hand luggage?
Foi o sr./sra. mesmo quem fez as malas?
Did you pack your bags yourself?
O(A) senhor(a). está levando alguma arma de fogo?
Are you carrying any weapons or firearms?
O(A) senhor(a) está levando algum material inflamável?
Are you carrying any flammable material?
O(A) senhor(a) está levando algum item de comida perecível?
Do you have any perishable food items?
Alguém que o(a) senhor(a) não conhece lhe pediu para levar alguma coisa?
Did someone you do not know ask you to take something on the plane with you?
O(A) senhor(a) esteve em posse da bagagem desde que fez as malas?
Did you have possession of your luggage since you packed?
O(A) senhor(a) deixou as malas sozinhas em algum momento no aeroporto?
Did you leave your luggage unattended at all in the airport?
Sinto muito, mas o(a) senhor(a) terá de pagar pelo excesso de bagagem.
I'm afraid you will have to pay for excess baggage.
Você gostaria de sentar do lado da janela ou do corredor?
Would you like a window seat or an aisle seat?
Aqui está o seu cartão de embarque, o embarque é no portão 23.
Here's your boarding-pass, you're boarding at gate 23.
O embarque tem início às 7 horas.
The plane starts boarding at 7 o'clock.

Sinto muito, mas o vôo está atrasado.
I'm afraid the flight has been delayed

Sinto muito, mas o vôo foi cancelado.
I'm afraid the flight has been cancelled.

Muito obrigado. Tenha um bom vôo!
Thank you very much. Have a good flight!

No aeroporto: frases do passageiro
At the airport: passenger's phrases

Você pode me colocar no assento da janela?
Can I get a window seat?

Você pode me colocar no assento do corredor?
Can I get an aisle seat?

Posso levar esta aqui como bagagem de mão?
Can I take this one as carry-on luggage?

Quanto é a taxa por excesso de bagagem?
How much is the excess baggage charge?

A que horas começamos a embarcar?
What time do we start boarding?

Qual é o portão?
What gate number is it?

Onde fica o portão...?
Where is gate...?

Vai haver algum atraso?
Will there be any delay?

O vôo está no horário?
Is the flight on schedule?

No aeroporto: as perguntas do funcionário da alfândega
At the airport: the customs officer's questions

Qual é o motivo da sua visita?
What's the purpose of your visit?

O que você faz?
What do you do (for a living)?
Qual é a sua ocupação?/O que você faz?
What's your occupation?
Esta é sua primeira vez em Nova York/Miami/etc.?
Is this your first time in New York/Miami/etc.?
Posso ver seu passaporte e passagem aérea, por favor?
May I see your passport and air ticket, please?
O (A) senhor (a) está viajando sozinho (a)?
Are you traveling alone?
Quanto tempo pretende ficar?
How long do you plan to stay?
Onde o (a) senhor (a) vai ficar?
Where will you be staying?
Obrigado. Tenha uma boa estadia!
Thank you. Have a nice stay!

Passando pela alfândega: as respostas do visitante
Going through customs: the visitor's answers

Estou aqui a trabalho.
I'm here on business.
Estou aqui para um(a) congresso/palestra.
I'm here for a conference/lecture.
Eu vim para participar de uma reunião/apresentação.
I came to attend a meeting/presentation.
Eu sou estudante/professor(a)/advogado(a)/médico(a)/engenheiro(a)/etc.
I'm a student/teacher/lawyer/doctor/an engineer/etc.
Estou aqui de férias.
I'm here on vacation.
Estou aqui para estudar.
I'm here to study.
Vim visitar um (a) amigo (a).
I came to visit a friend.
Vim visitar um parente.
I came to visit a relative.

Vou ficar duas semanas/dez dias.
I'm staying for two weeks/ten days.
Estou viajando com meu amigo/minha família...
I'm traveling with my friend/my family...
Vou ficar no (nome do hotel).
I'm staying at the (name of the hotel).

No aeroporto: Vocabulário & Expressões em Uso
At the airport: Vocabulary & Expressions in Use

   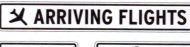

ALFÂNDEGA: *customs*
We need to go through customs now.
Precisamos passar pela alfândega agora.

ARMÁRIO; GUARDA-VOLUMES: *locker*
Do you know if they have lockers at this airport?
Você sabe se eles têm guarda-volumes neste aeroporto?

ATERRISSAR: *to land/landed/landed*
What time are we supposed to land?
Que horas devemos aterrissar?
Has flight 7101 landed yet?
O vôo 7101 já aterrissou?

ATRASO: *delay*
There were no delays. We got to our final destination as scheduled.
Não houve atrasos. Chegamos ao nosso destino final no horário certo.

BAGAGEM: *luggage; baggage*
Can I take this as carry-on luggage?
Posso levar isto como bagagem de mão?

CARRINHO PARA AS MALAS EM AEROPORTOS: *cart (EUA); trolley (Ingl.)*
- *"We need a cart for the bags!" said Mike to his friends as soon as they walked into the airport.*
- **"Precisamos de um carrinho para colocar as malas!", disse Mike aos amigos assim que entraram no aeroporto.**

COMISSÁRIO (A) DE BORDO: *flight attendant; steward (masc.); stewardess (fem.)*
- *Melanie is a flight attendant with United Airlines.*
- **Melanie trabalha como comissária de bordo na United Airlines.**

COMPARTIMENTO/ARMÁRIO SUPERIOR DO AVIÃO: *overhead compartment*
- *You can put your carry-on luggage in the overhead compartment of the plane.*
- **Você pode colocar sua bagagem de mão no compartimento superior do avião.**

DECOLAR: *to take off/took off/taken off*
- *Did your plane take off on schedule?*
- **O avião decolou no horário previsto?**

DECOLAGEM: *take-off*
- *"Crew, prepare for take-off!" said the captain.*
- **"Tripulação, preparar para decolagem!", disse o comandante.**

ESCALA: *stopover*
- *There are no stopovers on our flight to Boston.*
- **Não há escalas em nosso vôo para Boston.**

ESTEIRA; LOCAL NO AEROPORTO ONDE OS PASSAGEIROS RETIRAM SUA BAGAGEM: *baggage claim area*
- *Where is the baggage claim area?*
- **Onde fica a esteira para retirarmos as malas?**

ESTICAR AS PERNAS E OS BRAÇOS: *to stretch one's legs and arms.*
I usually need to stand up and stretch my legs during long flights.
Eu normalmente preciso levantar e esticar as pernas durante vôos longos.

FAZER ESCALA: *to stop over/stopped over/stopped over*
Our plane is supposed to stop over at Miami for refuelling.
Nosso vôo deve fazer escala em Miami para reabastecimento.

FUSO HORÁRIO: *time zone*
What's the time zone difference between São Paulo and New York now?
Qual a diferença de fuso horário entre São Paulo e Nova York agora?

LOJA EM AEROPORTOS QUE VENDEM PRODUTOS MAIS BARATOS PORQUE SÃO ISENTAS DE IMPOSTOS; FREE SHOP: *duty free shop*
"Let's check the prices at the duty free shop", Liz told her husband.
"Vamos dar uma olhada nos preços na *free shop*", disse Liz ao marido.

MALA: *bag; suitcase*
How many suitcases do you need?
Quantas malas você precisa?

PERDER UM VÔO: *to miss a flight*
You'd better hurry up or you will miss your flight!
É melhor você se apressar ou vai perder o seu vôo!

SENSAÇÃO DE DESCONFORTO APÓS LONGAS VIAGENS DE AVIÃO, CAUSADA PELA DIFERENÇA DE FUSO HORÁRIO E POR PERMANECER DURANTE MUITO TEMPO SENTADO NA MESMA POSIÇÃO: *jet lag*
Stretching your arms and legs during long flights is a good way to reduce jet lag.
Esticar os braços e pernas durante vôos longos é uma boa forma de diminuir a sensação de desconforto.

TAXA POR EXCESSO DE BAGAGEM: *excess baggage charge*

We had to pay twenty dollars for excess baggage charge.
Tivemos que pagar vinte dólares de taxa por excesso de bagagem.

VENDER UM NÚMERO MAIOR DE PASSAGENS DO QUE HÁ DE ASSENTOS DISPONÍVEIS: *to overbook/overbooked/overbooked*
We'll have to go on the next flight. This one is overbooked.
Teremos que ir no próximo vôo. Este está lotado.

VISTO: *visa*
British citizens don't need a visa to enter the US.
Cidadãos britânicos não precisam de visto para entrar nos Estados Unidos.

VÔO DE CONEXÃO: *connecting flight*
What time does our connecting flight to Zurich leave?
Que horas o nosso vôo de conexão para Zurique parte?

No avião: as frases da tripulação
On the plane: the crew's phrases

Bem vindo(a) a bordo!
Welcome aboard!
Vamos decolar em breve.
We'll be taking off shortly.
Apertem os cintos, por favor.
Fasten your seatbelts, please.
Por favor apague o cigarro.
Put out your cigarette, please.
Você pode por favor colocar sua bagagem no compartimento/armário superior?
Can you please put your luggage in the overhead compartment/locker?

Por favor desliguem os celulares, laptops e qualquer outro equipamento eletrônico.
Please turn off your cell phones, laptops and any other electronic equipment.

Por favor mantenham os cintos apertados.
Keep your seatbelts on, please.

Por favor, permanceçam sentados.
Please remain seated.

Vocês podem, por favor, fechar suas bandejas?
Can you please put away your tray-tables?

Por favor, voltem os assentos para a posição vertical.
Please raise your seats to an upright position.

Tripulação preparar para decolagem!
Crew prepare for takeoff!

O senhor gostaria de frango ou carne?
Would you like chicken or beef?

Veja *Cardápios*, p. 76, e *Glossário Temático: Alimentação*, p. 86.

O que o (a) senhor (a) gostaria de beber?
What would you like to drink sir/ma'am?

Bom dia a todos, aqui é o comandante falando...
Good morning everyone, this is the captain speaking...

Vamos aterrissar no Aeroporto Internacional de Miami/Los Angeles/etc. em alguns minutos.
We'll be landing in Miami/Los Angeles/etc. International Airport in a few minutes.

A hora local é 8h17.
The local time is 8:17 am.

A temperatura é de 68 graus Fahrenheit, 20 graus Célsius.
The temperature is 68 degrees Fahrenheit, 20 degrees Celsius.

Veja *Tabela comparativa de temperatura*, p. 20.

Espero que todos tenham tido um ótimo vôo.
I hope you have all had a good flight.

Em nome da XYZ Airlines, gostaria de agradecer a todos por voar conosco.
On behalf of XYZ Airlines, I'd like to thank you all for flying with us.

MEIOS DE TRANSPORTE

No avião: as frases do passageiro
🔊 *On the plane: the passenger's phrases*

Quanto tempo dura o vôo?
  How long is this flight?
Pode me trazer um copo d'água, por favor?
  Can you bring me some water, please?
Você pode me trazer uma coca/um suco de laranja, por favor?
  Can I have some coke/orange juice please?
Você pode me trazer um lenço de papel, por favor?
  Can you get me some tissues please?
Está frio demais aqui. Você pode diminuir o ar condicionado?
  It's too cold in here. Can you turn down the air conditioner?
Está quente demais aqui. Você pode aumentar o ar condicionado?
  It's too hot in here. Can you turn up the air conditioner?
Meus fones de ouvido não estão funcionando.
  My headphones aren't working.
Eu poderia trocar de lugar?
  Could I change seats?
Você pode me trazer mais um cobertor/travesseiro, por favor?
  Can you get me another blanket/pillow, please?
Quanto tempo falta para chegar em Miami/Londres?
  How much longer until we get to Miami/London?
Qual é a diferença de horário entre São Paulo/Rio e Miami/Londres?
  What's the time difference between São Paulo/Rio and Miami/London?
Qual é a hora local em Miami/Londres agora?
  What's the local time in Miami/London now?
Não estou me sentindo muito bem.
  I'm not feeling very well.
Estou com dor de cabeça. Você pode me trazer uma aspirina, por favor?
  I have a headache. Can you get me an aspirin, please?
Estou me sentindo um pouco tonto(a). Você pode me trazer algum remédio?
  I'm feeling a little dizzy. Can you bring me some medicine?

Estou com vontade de vomitar. Você pode me trazer um saquinho para enjôo?
I feel like throwing up. Can you bring me an air-sickness bag?

Indo do aeroporto ao hotel
🔊 *Going from the airport to the hotel*

Como posso chegar até... daqui?
How can I get to... from here?

Você pode me dizer como chegar ao... daqui?
Can you tell me how to get to... from here?

Como posso ir daqui até...?
How can I go from here to...?

Qual é a distância?
How far is it?

Quantos quarteirões daqui?
How many blocks from here?

Dá para chegar lá de ônibus/metrô?
Can I get there by bus/subway?

Dá para ir de ônibus daqui?
Can I take a bus from here?

Há uma estação de metrô perto daqui?
Is there a subway (EUA)/underground (Ingl.) station near here?

Onde é o ponto de ônibus mais próximo?
Where is the nearest bus stop?

Há uma estação de trem perto daqui?
Is there a train station near here?

É muito longe para ir a pé?
Is it too far to walk?

Você pode chamar um táxi para nós?
Can you call a cab/taxi for us?

Onde posso pegar um táxi?
Where can I take a taxi/cab?

Onde posso alugar um carro aqui perto?
Where can I rent a car near here?

DICA LEGAL 1: MEIOS DE TRANSPORTE
COOL TIP 1: MEANS OF TRANSPORTATION

Ao se referir a meios de transporte utilize a preposição *by* para dizer de carro, metrô, avião, trem, barco, etc. A única exceção é quando dizemos "a pé", *on foot*. Veja as frases contextualizadas abaixo:

We crossed from England to France by ferryboat.
Atravessamos da Inglaterra à França de balsa.

Can we get there by subway?
Podemos chegar lá de metrô?

It would be a lot more exciting if we went from Greece to Italy by ship.
Seria muito mais emocionante se fossemos da Grécia até a Itália de navio.

Mike and Bob traveled all over Europe by train.
Mike e Bob viajaram por toda a Europa de trem.

I think we can go there on foot. It's not that far.
Acho que podemos ir até lá a pé. Não é tão longe assim.

Pegando um táxi
Getting a cab

Você pode me levar para (nome do hotel)?
Can you take me to (name of the hotel)?

Preciso ir para o (nome do hotel)
I need to go to (name of the hotel).

Fica longe daqui?
Is it far from here?

Quanto é uma corrida até...?
How much is a ride to...?

Você pode me levar a Wall Street/Little Italy/Picadilly Circus/Hyde Park?
Can you take me to Wall Street/Little Italy/Picadilly Circus/

Hyde Park?

Quanto tempo leva a corrida partindo daqui?
How long is the ride from here?

Qual a distância até ...?
How far is it to ...?

Quanto tempo leva para chegar daqui até...?
How long does it take to get from here to...?

Você conhece algum atalho daqui?
Do you know any short cuts from here?

O trânsito é ruim neste horário?
Is the traffic heavy at this time?

Você pode, por favor, parar/esperar aqui?
Can you please stop/wait here?

Quanto foi a corrida, por favor?
How much for the ride, please?

Fique com o troco.
Keep the change.

🎧 *Dialogue: Renting a car*

Car rental agent: *Good morning sir! What can I do for you?*
Tourist: *Hi! We need to rent a car for a week.*
Car rental agent: *Sure sir. What kind of car do you have in mind?*
Tourist: *Well, we need a car with a big trunk. We have four suitcases.*
Car rental agent: *I see. Let me check in our computer system what we have available.*
Tourist: *Ok! Thanks! By the way, we'd like to have full coverage, please.*
Car rental agent: *Very good sir.*

Veja a tradução desse diálogo na p. 136.

Alugando um carro: Frases do atendente da locadora
Renting a car: Car rental agent phrases

Que tamanho de carro o senhor gostaria?
What size car would you like sir?

Que tipo de carro o senhor gostaria?
What kind of car would you like?

Que tipo de carro o senhor precisa?
What type of car do you need?

Temos carros compactos, médios, grandes, de luxo, picapes, esportivos e minivans.
We have compact, midsize, full size, luxury, pickup trucks, SUVs*, and minivans.

O sr. gostaria de um carro com GPS?
Would you like a car with GPS*?

Deixe-me checar quais carros temos disponíveis hoje.
Let me check what cars we have available today.

Qual a sua nacionalidade?
What country are you from?

Quem vai dirigir?
Who is going to be the driver?

Quantas pessoas vão dirigir?
How many people are going to drive?

Posso ver sua carteira de motorista, por favor?
Can I see your driver's license, please?

Por quanto tempo o sr. vai alugar o carro?
How long will you be renting the car?

O total fica em 217 dólares
The total will be $217.

O tanque está cheio. O sr. deve enchê-lo antes de devolver o carro.
The gas tank is full. You should fill it up before you return the car.

O sr. precisa devolver o carro até as 16h do dia 16.
You will need to return it by 4 pm on the 16th.

Cobramos uma taxa de 7 dólares a cada três horas de atraso.

---

* SUV: abreviação de *Sports Utility Vehicle*, veículo utilitário esportivo, como caminhonetes e jipes.

DICA LEGAL 2: CARROS COM CÂMBIO AUTOMÁTICO
COOL TIP 2: AUTOMATIC CARS

We charge an additional $7 for every three hours that you are late.

Lembre-se que a grande maioria dos carros nos Estados Unidos tem câmbio automático (*automatic cars*). A caixa de câmbio dos carros com transmissão automática normalmente mostram as letras *N*, *D*, *P*, e *R*, que significam respectivamente *Neutral* (ponto morto), *Drive* (dirigir), *Park* (estacionar) e *Reverse* (marcha ré).
Em algumas locadoras, às vezes, é possível encontrar veículos com câmbio mecânico/manual (*stick shift cars*). Veja as frases contextualizadas abaixo:

I'd like a car with a stick shift. (or I'd like a manual.)
Eu queria um carro com câmbio manual.

Do you have any stick shift cars? (or Do you have any manuals?)
Vocês têm carros com câmbio mecânico?

MEIOS DE TRANSPORTE

Alugando um carro: Frases do turista
Renting a car: Tourist's phrases

Gostaria de alugar um carro econômico.
I'd like to rent an economy car.

Gostaríamos de alugar um carro por uma semana
We'd like to rent a car for a week.

Quanto custa por dia/semana?
What are your daily/weekly rates?

Precisamos alugar uma van/picape.
We need to rent a van/pickup truck.

Precisamos de um carro com porta-malas grande.
We need a car with a big trunk (EUA)/boot (Ingl.).

Gostaríamos de um carro com quatro portas
We'd like a four-door car

Vocês têm algum carro conversível?
Do you have any convertibles?

Eu gostaria de um carro com câmbio mecânico/manual.
I'd like a car with a stick shift.

Eu queria um carro com GPS.
I'd like a car with GPS*.

Qual é o custo adicional do GPS?
What's the extra charge for GPS*?

A minha carteira de motorista é válida aqui?
Is my driver's license valid here?

Quanto custa o seguro?
How much is insurance?

Que tipo de seguro é esse?
What kind of insurance is this?

Veja *Dica legal 3*, p. 41.

O que o seguro cobre?
What does the insurance cover?

Gostaríamos de cobertura total.
We'd like full coverage.

O tanque está cheio?
Is the tank full?

A quilometragem é livre?
Is that free mileage?

Você pode nos dar um mapa rodoviário de Nova York/Londres/etc.
Can you give us a road map of New York/London/etc.

Onde podemos devolver o carro?
Where can we return the car?

Podemos devolver o carro em Miami/Londres/etc.?
Can we drop the car off in Miami/London/etc.?

Qual é o limite de velocidade nesta estrada?
What's the speed limit on this road?

Veja *Placas de trânsito comuns*, p. 47.

Esta estrada é pedagiada?
Is this a toll road?

O que devemos fazer se o carro quebrar?
What should we do if the car breaks down?

O que devemos fazer se o carro for roubado?
What should we do if the car is stolen?

---

* GPS: abreviação de *Global Positioning System*, aparelho de localização via satélite, que informa o motorista como chegar a um destino. Acessório cada vez mais comum em automóveis de aluguel.

O que acontece se o carro for danificado?
What happens if the car is damaged?

O que acontece se formos multados por excesso de velocidade?
What happens if we get a ticket for speeding?

DICA LEGAL 3: SEGURO DE CARROS / COOL TIP 3: CAR INSURANCE

Ao alugar um carro, fique atento às siglas *CDW (Collision Damage Waiver)* ou *LDW (Loss Damage Waiver)*, modalidades de seguro que isentam o motorista de responsabilidade financeira em caso de danos ou roubo do carro alugado, e que normalmente são uma boa opção caso o cartão de crédito internacional a ser usado para a locação já não cubra este tipo de despesa. (Não deixe de checar com a operadora do seu cartão antes de viajar.)

Um seguro básico contra terceiros está incluído em todas as tarifas de aluguel, mas as locadoras costumam oferecer o *EP (Extended Protection)*, uma modalidade de seguro especificamente criada para o viajante internacional e que fornece uma proteção adicional à cobertura mínima requerida por lei.

No posto de gasolina
At the gas station (EUA)/petrol station (Ingl.)

Estamos ficando sem gasolina.
We're running out of gas.

Vamos parar em um posto de gasolina.
Let's stop at a gas station (EUA)/petrol station (Ingl.).

Vinte dólares na bomba três, por favor!
Twenty dollars on pump three, please!

Pode completar, por favor?
Can you fill it up please?

Vocês têm gasolina sem chumbo?
Do you have unleaded gas?

Este carro é a diesel/alcóol/gasolina
This car runs on diesel/alcohol/gasoline.

Vinte dólares de gasolina comum/aditivada, por favor.
Twenty dollars regular/super please.

Você pode checar o óleo, por favor?
Can you check the oil, please?

Você pode checar os pneus, por favor?
Can you check the tires, please?

Você pode lavar o pára-brisa, por favor?
Can you wash the windshield, please?

Quanto lhe devo?
How much do I owe you?

Você pode me informar como chegar até...?
Can you tell me how to get to...?

Veja *Pedindo indicação de caminho*, p. 63.

DICA LEGAL 4: POSTOS DE GASOLINA
COOL TIP 4: GAS STATIONS

A maioria dos *service stations* ou *gas stations* (postos de gasolina) nos Estados Unidos é *self-service*, portanto não espere encontrar frentistas neles. Primeiro é preciso pagar ao atendente, que normalmente fica na *convenience store* (loja de conveniência do posto), para que ele libere a bomba para o uso, basta dizer o valor e que bomba você vai usar. Ex. *Twenty dollars on pump three, please!* (Vinte dólares na bomba três, por favor!). Alguns postos de gasolina mais modernos também possuem o que é chamado de *pay-at-the-pump*, um sistema que permite pagar com cartões de crédito e de banco na própria bomba.

No caso de usar *full-service gas stations* (postos com frentista, a minoria nos Estados Unidos), não deixe de dar gorjeta (*tip*) ao atendente, pois isso é a norma.

Nos Estados Unidos e Inglaterra a gasolina é medida em galões, um *gallon* (galão) equivale a um pouco menos de quatro litros.

Problemas com o carro
🔊 *Car problems*

Não consigo dar a partida./Não está pegando.
It won't start.

Parece que o pneu está furado.
It seems we have a flat tire.

Vamos pegar o macaco e levantar o carro.
Let's get the jack out and lift up the car.

Vamos pegar o estepe (pneu sobressalente).
Let's get the spare tire.

O carro quebrou.
The car has broken down.

Parece haver algo errado com o(a)...
There seems to be something wrong with the...

Vamos chamar um guincho.
Let's call a tow truck.

O carro vai ter que ser guinchado para a oficina mais próxima.
The car will have to be towed away to the nearest garage.

Tranquei o carro com as chaves dentro.
I've locked the keys inside.

Nosso veículo foi danificado.
Our vehicle has been damaged.

Nós batemos o carro.
Our car has crashed.

Está morrendo.
It keeps stalling.

Está esquentando.
It's overheating.

Parece que o freio não está funcionando direito.
The brakes don't seem to be working properly.

A bateria precisa ser recarregada.
The battery has to be recharged.

Parece haver um problema com a caixa de câmbio.
There seems to be a problem with the gearbox.

Está vazando óleo.
It's leaking oil.

MEIOS DE TRANSPORTE

Tem alguma oficina aqui perto?
Is there a garage nearby?

Quanto tempo vai levar para consertar?
How long will it take to fix it?

Viajando de carro: Vocabulário & Expressões em Uso
Traveling by car: Vocabulary & Expressions in Use

ACOSTAMENTO: *shoulder (EUA) ; hard shoulder (Ingl.)*
The driver pulled over to the shoulder to check what was wrong with his car.
O motorista parou no acostamento para checar o que estava errado com o carro.

ATALHO: *short cut*
Do you know any short cuts?
Você conhece algum atalho?

COLIDIR; BATER (VEÍCULOS): *to crash/crashed/crashed*
Bill is a great driver. He's never crashed his car.
Bill é um ótimo motorista. Nunca bateu o carro.

COLISÃO; BATIDA (VEÍCULOS): *car crash*
That road is very dangerous. There have been many car crashes there.
Aquela estrada é muito perigosa. Já houve muitos acidentes lá.

COLISÃO; BATIDA SEM MAIORES CONSEQÜÊNCIAS; "BATIDINHA"; "ARRANHÃO": *fender-bender*
A fender-bender caused the traffic to stall this morning.
Uma batidinha fez o trânsito parar esta manhã.

CONGESTIONAMENTO; ENGARRAFAMENTO: *traffic jam*
We were late because of the traffic jam.
Chegamos atrasados por causa do congestionamento.

CONGESTIONAR (TRÂNSITO): *to jam/jammed/jammed*
The traffic on the main avenue is jammed.
O trânsito na avenida principal está congestionado.

CRUZAMENTO: *intersection*
Watch out for the intersection!
Cuidado com o cruzamento!

DESVIO: *detour*
Slow down, I think there's a detour ahead.
Diminua a velocidade, acho que há um desvio lá na frente.

ENGAVETAMENTO: *pile-up*
There has been a pile-up on main street.
Houve um engavetamento na rua principal.

ESTEPE; PNEU SOBRESSALENTE: *spare tire*
Do you know where the spare tire is in this car?
Você sabe onde fica o estepe neste carro?

FICAR PRESO NO TRÂNSITO: *to be stuck in traffic*
Sorry for the delay, I was stuck in traffic!
Desculpe o atraso, fiquei preso no trânsito!

HORA DO RUSH: *rush hour*
Traffic is always heavy like this in the rush hour.
O trânsito é sempre ruim assim no horário do rush.

LOMBADA; QUEBRA-MOLAS: *bump*
Watch out for the bump ahead!
Cuidado com a lombada à frente!

MULTA DE TRÂNSITO: *fine; ticket*
Watch out for the speed limit on this road. You don't want to get a fine/ticket, do you?
Cuidado com o limite de velocidade nesta estrada. Você não quer ganhar uma multa, quer?

MULTAR: *to fine/fined/fined*
They were fined for speeding.
Eles foram multados por excesso de velocidade.

OFICINA MECÂNICA: *garage*
Do you know where the nearest garage is?
Você sabe onde fica a oficina mecânica mais próxima?

PEDÁGIO: *toll*
Don't forget to get some cash for the toll!
Não esqueça de pegar algum dinheiro para o pedágio!

PISTA; FAIXA: *lane*
That's a four-lane freeway.
Aquela estrada tem quatro pistas.

PLACA DE CARRO: *license plate (EUA); number plate (Ingl.)*
What's your car's license plate number?
Qual é o número da placa de seu carro?

PNEU FURADO: *flat tire*
Oh no! It seems we have a flat tire.
Ah, não! Parece que estamos com um pneu furado.

RODOVIA PEDAGIADA: *toll road*
Is this a toll road?
Esta estrada é pedagiada?

RUA DE MÃO DUPLA: *two-way street*
You can turn right here. It's a two-way street.
Você pode virar à direita aqui. É uma rua de mão dupla.

RUA DE MÃO ÚNICA: *one-way street*
You can't turn left here. This is a one-way street.
Você não pode virar à esquerda aqui. É uma rua de mão única.

SAÍDA: *exit*
We have to take exit 23. I think it's the next one.
Temos que pegar a saída 23. Acho que é a próxima.

SEMÁFORO: *traffic lights*
Careless drivers don't always respect the traffic lights.
Motoristas descuidados nem sempre respeitam o semáforo.

 PROIBIDO ESTACIONAR

 PROIBIDO ESTACIONAR EM QUALQUER HORÁRIO

 NÃO ESTACIONE EM FILA DUPLA

 PARE

 LIMITE DE VELOCIDADE: 50 MILHAS

Obs.: Ao visualizar placas de *speed limit* (limite de velocidade), lembre-se que, nos Estados Unidos, ao invés de quilômetros, as indicações referem-se a *miles* (milhas). Uma milha equivale a um quilômetro e 609 metros.

 LIMITE DE VELOCIDADE: 35 MILHAS POR HORA

MÃO ÚNICA

 DÊ PREFERÊNCIA

 OU NÃO ENTRE

 DESVIO

 RUA SEM SAÍDA

 PISTA FECHADA

 RODOVIA FEDERAL (EUA)

Obs: As *interstates* são grandes rodovias que ligam os estados americanos.

 OU **MEN AT WORK** HOMENS TRABALHANDO

 OU LOMBADAS

DO NOT PASS	NÃO ULTRAPASSE
SLIPPERY WHEN WET	ESCORREGADIO QUANDO MOLHADO
NO RIGHT TURN	PROIBIDO VIRAR À DIREITA
NO LEFT TURN	PROIBIDO VIRAR À ESQUERDA
CAUTION SLOW DOWN	CUIDADO. DIMINUIR VELOCIDADE
CAUTION DRIVE SLOWLY	CUIDADO. DIRIJA DEVAGAR
PEDESTRIAN XING	TRAVESSIA DE PEDESTRES

Obs.: *Xing* é a abreviação em inglês de *crossing* (travessia).

 CUIDADO COM AS CRIANÇAS

 MANTENHA-SE À DIREITA

OU   TAMBÉM   PROIBIDO FAZER RETORNO

  LINHA DE TREM

  PRÓXIMA SAÍDA A 7 MILHAS

Ao passar por pedágios...

  PAGUE O PEDÁGIO

  TROCO EXATO APENAS

Ao estacionar fique atento às placas...

  O U   PROIBIDO ESTACIONAR. SUJEITO A GUINCHO

  O U   SUJEITO A GUINCHO

  OS INFRATORES SERÃO GUINCHADOS

NÃO NOS RESPONSABILIZAMOS POR ROUBO OU DANOS AOS VEÍCULOS

 PROIBIDO ESTACIONAR. ÁREA DE CARREGAMENTOS

Outras placas importantes para os turistas motorizados...

 O U SERVIÇO DE MANOBRISTA

 ESTACIONAMENTO PARA DEFICIENTES

 ÁREA DE DESCANSO. PRÓXIMA SAÍDA

Obs.: Placa normalmente vista à margem de rodovias. Por *rest area* entende-se um local que abriga posto de gasolina, lanchonete, banheiros e outros serviços.

 ÁREA DE DESCANSO. CENTRO DE INFORMAÇÕES TURÍSTICAS

 INFORMAÇÕES TURÍSTICAS. PRÓXIMA DIREITA

ÁREA PARA TRAILERS

RV: abreviação de *recreational vehicle.*

 ÁREA PARA PIQUENIQUE

 CAMPING

 ÁREA PARA CHURRASCO

BBQ: abreviação de *barbecue*, churrasco.

Acelerador: *gas pedal (EUA)/accelerator (Ingl.)*
Airbag: *airbag*
Amortecedor: *shock absorber*
Ar condicionado: *air conditioning*
Bagageiro: *luggage rack (EUA)/roof-rack (Ingl.)*
Banco do motorista: *driver's seat*
Banco do passageiro: *passenger seat*
Breque: *brake*
Breque de mão: *emergency brake (EUA)/handbrake (Ingl.)*
Buzina: *horn*
Buzinar: *to honk*
Calota: *hubcap*
Capô: *hood (EUA)/bonnet (Ingl.)*
Chapa: *license plate (EUA)/number plate (Ingl.)*
Cinto de segurança: *seat belt, safety belt*
Combustível: *fuel*
Direção: *steering wheel*
Direção hidráulica: *power steering*
Embreagem: *clutch*
Escapamento: *exhaust pipe*
Espelho retrovisor externo: *side mirror (EUA); wing mirror (Ingl.)*
Espelho retrovisor interno: *rearview mirror*
Este carro funciona com gasolina/álcool/diesel/eletricidade: *this car runs on gas/alcohol/diesel/electricity*

Estepe: *spare tire (EUA); spare tyre (Ingl.)*
Faróis dianteiros: *headlights*
Funilaria: *bodywork*
Gasolina: *gas (EUA); petrol (Ingl.)*
Injeção eletrônica: *fuel injection*
Levantar o carro: *to jack up the car, lift up the car*
Limpadores de pára-brisa: *windshield wipers (EUA); windscreen wipers (Ingl.)*
Macaco: *jack*
Marcha: *gear shift (EUA); gear stick (Ingl.)*
Marcha a ré: *reverse gear*
Painel: *dashboard*
Pára-brisa: *windshield (EUA); windscreen (Ingl.)*
Pára-choque: *bumper*
Pneu: *tire (EUA); tyre (Ingl.)*
Pneu sobressalente: *spare tire (EUA); spare tyre (Ingl.)*
Porta-luvas: *glove compartment*
Porta-malas: *trunk (EUA); boot (Ingl.)*
Revisão: *tune-up*
Roda: *wheel*
Teto solar: *sunroof*
Trocar o pneu: *to change the tire*
Trocar de marcha: *to change/shift gear*
Vela de ignição: *spark plug*
Velocímetro: *speedometer*
Volante: *steering wheel*

Acomodação & Hospedagem

Fazendo reserva em um hotel por telefone
🎙 *Making a hotel reservation by telephone*

Gostaria de fazer uma reserva para a semana de...
I'd like to make a reservation for the week of...

Gostaria de reservar um quarto para três noites.
I'd like to book a room for three nights.

Você tem quartos disponíveis para a segunda semana de setembro?
Do you have any rooms available for the second week of September?

Quanto é a diária para um casal/uma pessoa?
How much is the daily rate for a couple/a single?

A diária para um casal/uma pessoa é...
The daily rate for a couple/single is...

O café-da-manhã está incluso?
Is breakfast included?

Isso já inclui o café-da-manhã.
That also includes breakfast.

Vocês aceitam todos cartões de crédito?
Do you take all credit cards?

Aceitamos Amex, Visa e Mastercard.
We take Amex, Visa and Mastercard.

Desculpe, estamos lotados.
Sorry, we are fully booked.
Você pode recomendar algum outro hotel/motel na região?
Can you recommend another hotel/motel nearby?
Você sabe se há um albergue da juventude na cidade?
Do you know if there is a youth hostel in the city?
Vocês têm site na internet?
Do you have a website?

DICA LEGAL 5: MOTÉIS
COOL TIP 5: MOTELS

Observe que o termo *motel*, em inglês, surgiu a partir da contração das palavras *motorist* e *hotel*, daí a idéia: hotel para motoristas. Desta forma, um *motel* nos Estados Unidos não passa de um hotel para pessoas que viajam de carro, onde normalmente é possível estacionar o carro em frente ao quarto. Lembre-se que um motel americano não tem a mesma conotação atribuída à palavra "motel" em português, sendo um tipo de hospedagem normalmente freqüentado pela família inteira.

Tipos de acomodação e instalações
Kinds of accommodation and facilities

Qual é o tipo de acomodação?
What kind of accommodation is it?
Vocês têm piscina/sauna/sala de ginástica/academia?
Do you have a swimming pool/sauna/fitness center/gym?
Tem hidromassagem/sala de ginástica/sauna/etc.?
Is there a jacuzzi/gym/sauna/etc.?
Onde fica a piscina/sauna/etc.?
Where's the swimming pool/sauna/etc.?
Fica no décimo segundo andar.
It's on the twelfth floor.
Tem frigobar no quarto?
Is there a minibar in the bedroom?
Os quartos têm TV a cabo?
Do the rooms have cable TV?

Vocês têm Internet de banda larga?
Do you have DSL?*
Tem cofre no quarto?
Is there a safe in the room?
Tem ferro de passar no quarto?
Is there an iron in the room?
Vocês têm algum quarto com banheira?
Do you have any rooms with a bathtub?
Vocês têm algum quarto com cama king-size?
Do you have any rooms with a king-size bed?

Fazendo o *check-in* no hotel
Checking in at the hotel

Posso ajudar?
May I help you sir?
Sim, tenho uma reserva em nome de Silva, Pedro Silva.
Yes, I have a reservation under the name Silva, Pedro Silva.
Só um minuto senhor. Aqui está, sr. Silva. O sr. vai ficar três dias, certo?
Just a minute sir. Here it is, Mr. Silva. You're staying for three days, right?
O senhor pode, por favor, preencher este formulário?
Can you please fill out this form, sir?
O senhor vai ficar no quarto 307. Vou pedir para o carregador levar sua bagagem até o quarto.
You're in room 307, sir. I'll have the bellboy take your luggage to your room.
Obrigado. A propósito, Vocês têm serviço de despertador?
Thank you. By the way, do you have a wake-up call service?
Sim, senhor. Que horas o senhor gostaria de ser acordado?
We do sir. What time would you like to wake up?
Vocês têm carregador de bagagem?
Do you have a porter/bellboy/bellhop?

---

* DSL: abreviação de *Digital Subscriber Line*. Linha telefônica com aparelho especial que permite receber ou enviar informações pela Internet em alta velocidade; Internet de banda larga.

Vocês têm serviço de manobrista?
Do you have valet service?

Onde está o manobrista?
Where is the parking/valet attendant?

Você pode pedir para alguém pegar o meu carro?
Can you ask someone to get my car?

Onde fica o elevador?
Where is the elevator (EUA)/lift (Ingl.)?

Onde posso deixar meus objetos de valor?
Where can I leave my valuables?

Vocês têm um mapa da cidade?
Do you have a map of the city?

A que horas é o *check-out*?
What time is check-out?

A que horas o café-da-manhã/o almoço/o jantar é servido?
What time is breakfast/lunch/dinner served?

Ok, muito obrigado.
Ok, thank you very much.

Não há de que, senhor!
You're welcome, sir!

No hotel: serviço de quarto
At the hotel: room service

Preciso de um travesseiro/toalha/cobertor extra.
I need an extra pillow/towel/blanket.

Preciso de mais cabides.
I need some more hangers.

Gostaria de pedir um lanche.
I'd like to order a snack.

Gostaria de fazer uma ligação telefônica para o Brasil.
I'd like to make a phone call to Brazil.

Gostaria de fazer uma ligação a cobrar.
I'd like to make a collect call.

Vocês têm serviço de lavanderia?
Do you have laundry service?

Vocês têm serviço de lavagem a seco?
Do you have a dry cleaning service?
Vocês têm serviço de despertar?
Do you have a wake-up call service?
Você pode me acordar às sete horas, por favor?
Can you please wake me up at seven am?
Preciso ser acordado às oito horas.
I need a wake-up call at eight am.

No hotel: problemas no quarto
At the hotel: problems in the room

A TV não está funcionando direito.
The TV is not working very well.
Parece haver algum problema com o controle remoto.
There seems to be a problem with the remote.
O ar-condicionado/aquecimento não está funcionando bem.
The air-conditioning/heating is not working well.
O secador de cabelos não está funcionando.
The hairdryer is not working.
Não há papel higiênico no banheiro.
There is no toilet paper in the bathroom.
A descarga não está funcionando.
The toilet isn't flushing.
A pia está entupida.
The sink is clogged.
O ralo do chuveiro está entupido.
The shower drain is clogged.
O elevador/a máquina de lavar está quebrado(a).
The elevator/washing machine is out of order.
A torneira está pingando muito.
The faucet (EUA)/tap (Ingl.) is dripping badly.
Tem um vazamento no teto.
There is a leak in the ceiling.
Eu poderia trocar de quarto, por favor?
Could I change rooms, please?

ACOMODAÇÃO & HOSPEDAGEM

🎧 **Dialogue: Problems with the air conditioning**

Front desk: Front desk, Albert speaking. How can I help you sir?
Tourist: Hello. Umh, we seem to have a problem with the air conditioning. I don't think it's working properly.
Front desk: Don't worry sir. I'll send someone to check it right away.
Tourist: Ah, by the way, could you also send us an extra towel please?
Front desk: Sure sir. I'll have one of our housekeeping staff take some more towels to your room.
Tourist: Thanks a lot!
Front desk: You're welcome sir!

Veja a tradução desse diálogo na p. 136.

No hotel: pedidos e necessidades
🎧 At the hotel: requests and needs

Tem algum parque aqui perto onde eu possa correr?
 Is there a park where I can go jogging around here?
Tem algum lugar aqui perto onde eu possa trocar dinheiro?
 Is there a place where I can exchange money near here?
Qual é a taxa de câmbio para o real?
 What's the exchange rate to the real?
Onde posso alugar um carro aqui perto?

Where can I rent a car near here?

Você tem um centro de negócios onde eu possa usar um computador?
Do you have a business center where I can use a computer?

Você pode, por favor, checar se há algum recado para o quarto...?
Can you please check if you have any messages for room...?

Tem um restaurante/lanchonete aqui perto?
Is there a restaurant/snack bar near here?

Onde posso comprar comida aqui perto?
Where can I buy some food around here?

Tem um mercadinho aqui perto?
Is there a deli*near here?

Onde fica o supermercado mais próximo?
Where is the nearest supermarket?

Que atrações há para visitar aqui perto?
What attractions are there to visit around here?

A que distância está o centro da cidade?
How far is the downtown area?

É seguro ir a pé?
Is it safe to walk?

A que distância está a praia?
How far is the beach?

Podemos chegar lá de metrô/ônibus?
Can we get there by subway/bus?

Você pode me chamar um táxi?
Can you call me a cab/taxi?

Quanto custa uma corrida até ...?
How much does a ride to ... cost?

Vocês têm serviço de manobrista?
Do you have valet service?

Você pode pedir para alguém pegar o meu carro?
Can you ask someone to get my car?

---

* Deli: abreviação de *delicatessen*, espécie de pequeno mercado onde se pode comprar frios, pães, saladas, frutas e lanches prontos.

No hotel: fazendo o *check-out*
🎧 *At the hotel: checking out*

A que horas é o *check-out*?
What time is check-out?

Gostaria de fazer o *check-out*, por favor.
I'd like to check out please.

Vocês aceitam todos os cartões?
Do you take all credit cards?

Claro senhor. Aceitamos todos os principais cartões.
Sure, sir. We take all major credit cards.

Muito bem, aqui está.
Very good, here you are.

O senhor consumiu alguma coisa do frigobar?
Have you eaten or drunk anything from the minibar?

Obrigado, senhor. Vamos cobrar o total de 273 dólares no seu cartão. O senhor pode assinar aqui?
Thank you, sir. Your credit card will be charged a total of $273. Can you sign here please?

Ao que se refere este item?
What does this item refer to?

O senhor precisa de ajuda com as malas?
Do you need any help with your bags?

Vou pedir para o carregador de malas/*boy* trazer suas malas.
I'll have the porter/bellhop/bell captain bring your bags.

Preciso ir para o aeroporto, vocês poderiam chamar um táxi para mim, por favor?
I need to go to the airport. Could you please call a taxi for me?

Obrigado por ficar em nosso hotel. Esperamos vê-lo novamente!
Thank you for staying with us. We look forward to seeing you again!

Em muitos hotéis americanos, o *check-out* é expresso, e você nem precisa ir até a *front desk* (recepção) para "acertar as contas". Eles utilizam as informações do seu cartão de crédito deixadas anteriormente ao fazer o *check-in* e simplesmente processam a fatura informando os detalhes em um relatório, que é muitas vezes colocado debaixo da porta do quarto dos hóspedes na noite anterior à saída do hotel.

Pedindo indicação de caminho
Asking for directions

Como posso chegar até... daqui?
How can I get to... from here?

Você pode me dizer como chegar ao... daqui?
Can you tell me how to get to... from here?

É muito longe para ir a pé?
Is it too far to walk?

Dá para ir a pé?
Is it within walking distance?

Qual é a distância?
How far is it?

Quantos quarteirões daqui?
How many blocks from here?

Dá para chegar lá de metrô?
Can I get there by subway?

Dá para ir de ônibus daqui?
Can I take a bus from here?

Você pode me mostrar no mapa?
Can you show me on the map?

Há uma estação de metrô perto daqui?
Is there a subway (EUA)/underground (Ingl.) station near here?

Onde é o ponto de ônibus mais próximo?
Where is the nearest bus stop?

Com licença, você pode me dizer onde fica o posto de gasolina mais próximo daqui?

Excuse me, can you tell me where the nearest gas station (EUA)/ petrol station (Ingl.) is?

Como chego à via expressa daqui?
How do I get to the freeway from here?

Com licença, como chego ao aeroporto daqui?
Excuse me, how do I get to the airport from here?

Tem um banco/uma farmácia/um *shopping* aqui perto?
Is there a bank/drugstore/shopping mall near here?

Você sabe se tem uma loja de conveniência aqui perto?
Do you know if there is a convenience store near here?

Tem um *cyber* café aqui perto?
Is there a cyber/internet café near here?

🎧 *Dialogue: Asking for directions*

Tourist: Excuse me. Do you know if there is a drugstore near here?
Passerby: There's one two blocks from here. You can't miss it.
Tourist: Thanks! I also need to withdraw some cash. Do you know where the nearest bank is?
Passerby: Actually there's an ATM in the drugstore I told you about. You can withdraw money there.
Tourist: Oh, that's perfect! Thank you so much for your help!
Passerby: You're welcome!

Veja a tradução desse diálogo na p. 137.

Indicando o caminho
🎧 *Giving directions*

Continue reto até a Segunda Avenida.
Keep going straight to Second Avenue.

Você tem que virar à direita na próxima rua.
You have to turn right on the next street.

Ande um quarteirão e vire à esquerda.
Walk one block and turn left.

Entre à esquerda no próximo farol.
Take a left at the next light.

Fica logo ali na esquina.
It's just around the corner.

Dá para ir a pé.
You can walk there.

Você pode ir a pé.
You can go there on foot.

Está a quatro quarteirões daqui
It's four blocks from here.

É mais fácil se você pegar o metrô/um táxi.
It's easier if you take the subway/a cab

Se eu fosse você pegaria o ônibus.
If I were you I'd take the bus.

Há uma estação de metrô aqui perto.
There is a subway (EUA)/underground (Ingl.) station near here.

Tem um ponto de ônibus aqui perto.
There's a bus stop near here.

Você pode pegar o metrô na(o)...
You can take the subway on...

Você pode pegar o ônibus e descer na(o)...
You can take the bus and get off on...

Você pode chegar lá de metrô.
You can get there by subway (EUA)/underground (Ingl.).

Ligações telefônicas: pedindo ajuda à telefonista
Phone calls: asking the operator for help

Você pode, por favor, me ajudar a ligar para o Brasil?
Can you please help me call Brazil?

Qual é o código de área de São Paulo/Rio de Janeiro/etc.?
What's the area code for São Paulo/Rio de Janeiro/etc.?

Você pode falar devagar, por favor?
Can you speak slowly please?

Gostaria de fazer uma ligação para o Brasil.
I'd like to make a phone call to Brazil.

Gostaria de fazer uma ligação a cobrar para...

I'd like to make a collect call to...
Não consigo ligar para...
I can't get through to...

Ligações telefônicas: frases usuais
🎧 *Phone calls: usual phrases*

Quem está ligando, por favor?
Who's calling please?
Quem gostaria de falar, e qual é o assunto, por favor?
May I ask who's calling and what this is regarding?
Espere um segundo, por favor.
Hold on a second, please./Hang on a second, please.
Vou transferir você para...
I'll put you through to...
Vou transferir sua ligação.
I'll transfer your call.
Vou pôr você no viva-voz...
I'll put you on speaker phone...
Vou colocar você na espera.
I'll put you on hold.
A linha está ocupada.
The line is busy.
Só dá ocupado.
I keep getting a busy signal.
Você pode me ligar depois?
Can you call me back later?
Te ligo mais tarde.
I'll call you back later.
Você gostaria de deixar um recado?
Would you like to leave a message?
Desculpe, acho que você está com o número errado.
Sorry, I think you have the wrong number.
Alô, aqui quem está falando é o Paul/a Mary.
Hello, this is Paul/Mary speaking.

Estou ligando a respeito de...
I'm calling about...

Estou ligando em nome de...
I'm calling on behalf of...

O Sr. Smith/A Susan está?
Is Mr. Smith/Susan in?

Você pode pedir a ele/ela para retornar minha ligação?
Can you please tell him/her to call me back?

Vou enviar um e-mail para ele.
I'll send him an e-mail.

Meu endereço de e-mail é paulosilva arroba comercial ponto com ponto br.
My e-mail address is paulosilva at comercial dot com dot br.

Desculpe, a ligação está péssima, posso te ligar de volta?
Sorry, this is a bad line, can I call you back?

Deixei um recado na sua secretária eletrônica.
I left a message on your answering machine.

Por favor, não desligue.
Please, don't hang up.

Desculpe, foi engano!
Sorry, wrong number!

Alimentação

🔊 Dialogue: Looking for a place to eat

Tourist: Excuse me. Can you recommend a good restaurant near here?
Reception desk: Sure ma'am. What kind of food do you have in mind?
Tourist: Maybe some pasta and salad, and burgers and fries for the kids.
Reception desk: Well, in that case I would advise you to go to the food court of the Bayside shopping center, which is very near.
Tourist: Sounds good. Can you tell us how to get there?
Reception desk: Sure. I'll show you on the map.

Veja a tradução desse diálogo na p. 137.

Procurando um lugar para comer: frases comuns
🔊 *Looking for a place to eat: usual phrases*

Tem uma lanchonete aqui perto?
Is there a snack bar near here?

Tem algum restaurante por aqui?
Are there any restaurants around here?

Gostaríamos de ir a um restaurante de fast food.
We'd like to go to a fast food restaurant.

Você sabe onde fica a praça de alimentação?
Do you know where the food court is?

Você pode recomendar algum restaurante bom?
Can you recommend any good restaurants?

Você conhece algum restaurante brasileiro/chinês/japonês/francês/italiano/português aqui perto?
Do you know any Brazilian/Chinese/Japanese/French/Italian/Portuguese restaurants around here?

Onde podemos encontrar um bom restaurante aqui perto?
Where can we find a good restaurant near here?

Tem um restaurante vegetariano aqui perto?
Is there a vegetarian restaurant near here?

Você sabe se há uma churrascaria aqui perto?
Do you know if there is a steak house near here?

Chegando ao restaurante
🔊 *Arriving at the restaurant*

Grupo de cinco pessoas, por favor.
Party of five, please.

Somos em quatro.
There are four of us.

Vocês têm área para não fumantes?
Do you have a no-smoking area?

Você pode nos arrumar uma mesa perto da janela?
Can you get us a table by the window?

Onde fica o toalete, por favor?
Where is the restroom please?

Desculpe, o restaurante está cheio. Teremos uma mesa para vocês em aproximadamente quinze minutos.
Sorry, the restaurant is full. We'll have a table for you in about fifteen minutes.

No restaurante: pedindo o cardápio
At the restaurant: asking for the menu

Você pode me/nos trazer o cardápio, por favor?
Can you bring me/us the menu, please?

Gostaria de olhar o cardápio, por favor.
I'd like to look at the menu please.

Posso dar uma olhada no cardápio, por favor?
Can I take a look at the menu, please?

Posso ver o cardápio, por favor? (Mais formal)
May I see the menu please? (More formal)

Posso ver a carta de vinhos, por favor?
Can I see your wine list, please?

No restaurante: frases do garçom
At the restaurant: waiter's phrases

Quantas pessoas no seu grupo, por favor?
How many in your party, please?

Gostaria (m) de olhar o cardápio?
Would you like to look at the menu?

Você (s) está (ão) prontos para pedir?
Are you ready to order?

Posso anotar o pedido de vocês?
Can I get your order?

O que posso trazer para vocês?
What can I get you guys?

O que você (s) gostaria (m) de beber?
What would you like to drink?

Volto já com suas bebidas.
I'll be right back with your drinks.

ALIMENTAÇÃO

Gostaria(m) de mais alguma coisa?
Would you like anything else?
Como o senhor gostaria o seu bife?
How would you like your steak, sir?
O que gostariam de sobremesa?
What would you like to have for dessert?
E de sobremesa?
What about dessert?
Volto já.
I'll be right back.

No restaurante: fazendo o pedido
At the restaurant: ordering

Com licença, estamos prontos para fazer o pedido, por favor.
Excuse me, we are ready to order, please.
Você pode, por favor, anotar o nosso pedido?
Can you please get our order?
Eu queria primeiro uma salada de alface, por favor.
I'd like a green salad first, please.
Veja Cardápios, p. 76, e Glossário Temático: Alimentação, p. 86.
Gostaríamos de começar com a sopa de legumes, por favor.
We'd like to start with the vegetable soup, please.
Você pode nos trazer pão de alho e manteiga, por favor?
Can you bring us some garlic bread and butter, please?
Vocês servem *brunch*?
Do you serve brunch?*
Vocês servem café-da-manhã?
Do you serve breakfast?
Vou querer o filé de frango com batatas, por favor.
I'll have the chicken fillet with potatoes, please.
Veja Cardápios, p. 76, e Glossário Temático: Alimentação, p. 86.
Vou querer o bife com batatas fritas, por favor.
I'll have the steak with french fries, please.

---

* *Brunch*: café-da-manhã tardio e reforçado, e que normalmente inclui pratos tanto do café-da--manhã quanto do almoço. Observe que a palavra *brunch* é formada a partir da combinação das primeiras letras de *breakfast* (café-da-manhã) e as últimas de *lunch* (almoço).

Eu queria o meu bife malpassado/no ponto/bem passado, por favor.
I'd like my steak rare/medium/well-done, please.

Eu queria o espaguete com almôndegas.
I'd like the spaghetti with meatballs.

Vocês têm algum prato vegetariano?
Do you have any vegetarian dishes?

Que tipo de massas vocês têm?
What kind of pasta do you have?

Vou querer um x-burguer.
I'll have a cheeseburger.

No restaurante: pedindo bebidas
At the restaurant: ordering drinks

Eu queria uma coca normal, sem gelo, por favor.
I'd like a regular coke, no ice*, please.

Veja *Cardápios "Drinks"*, p. 83, e *Glossário Temático: Alimentação*, p. 86.

Que tipos de refrigerante vocês têm?
What kind of soft drinks do you have?

Vocês têm suco de laranja feito na hora?
Do you have fresh squeezed orange juice?

Eu queria um suco de abacaxi/maracujá.
I'd like a pineapple/passion fruit juice.

Vou tomar uma cerveja.
I'll have a beer.

Vocês têm chope?
Do you have draft beer?

Queríamos vinho tinto/branco, você poderia trazer a carta de vinhos, por favor?
We'd like some red/white wine, could you please bring us your wine list?

Eu queria uma dose de uísque, por favor.
I'd like a shot of whisky, please.

---

* É o padrão nos restaurantes e lanchonetes dos Estados Unidos servir os refrigerantes com bastante gelo, um hábito dos americanos. Portanto, ao fazer o pedido, lembre-se de dizer *No ice, please!* (Sem gelo, por favor!), caso não queira seu refrigerante bem gelado.

ALIMENTAÇÃO

Que tipos de coquetéis você tem aqui?
What kind of cocktails do you have here?

No restaurante: outros pedidos e comentários
🎧 *At the restaurant: other requests and comments*

Você pode me trazer um canudinho, por favor?
Can you get me a straw, please?

Você pode me trazer um copo com gelo, por favor?
Can you bring me a glass with ice cubes, please?

Você pode nos trazer o sal/açúcar, por favor?
Can you bring us the salt/sugar, please?

Você poderia, por favor, nos trazer pão e manteiga?
Could you please bring us some bread and butter?

Você pode nos trazer queijo ralado, por favor?
Can you bring us some grated cheese, please?

Você pode me trazer outro copo/garfo/faca/colher, por favor?
Can you get me another glass/fork/knife/spoon, please?

Você poderia me trazer um cinzeiro, por favor?
Could you bring me an ashtray, please?

Você pode me arrumar palitos de dente?
Can you get me some toothpicks?

Você pode nos trazer alguns guardanapos?
Can you bring us some napkins?

Você poderia trocar a toalha de mesa, por favor?
Could you please change the tablecloth?

Vou tomar um café, por favor.
I'll have a coffee, please.

Você pode me trazer um café expresso?
Can you bring me an espresso please?

Onde é o toalete, por favor?
Where is the restroom, please?

Como está o seu prato?
How's your dish?

Qual é o seu prato favorito?
What's your favorite dish?

Comentários ao final da refeição
🔊 *Comments at the end of the meal*

O almoço/jantar estava delicioso.
Lunch/dinner was delicious.

Não consigo comer mais nada, estou cheio.
I can't eat anything else, I'm stuffed/full.

Acho que vou pular a sobremesa.
I think I'll pass dessert.

Vou tomar um sorvete de chocolate/baunilha.
I'll have a chocolate/vanilla ice cream.

Veja Cardápios "Desserts", p. 84, e Glossário Temático: Alimentação, p. 86.

Acho que só vou tomar um café.
I think I'll just have some coffee.

Veja Cardápios "Drinks", p. 83, e Glossário Temático: Alimentação, p. 86.

Vou tomar um café expresso.
I'll have an espresso.

Pode nos trazer a conta, por favor?
Can you bring us the check (EUA)/the bill (Ingl.), please?

O serviço/gorjeta está incluso(a)?
Is the service/ tip included?

Acho que deveríamos dar uma gorjeta para o garçom.
I think we should tip the waiter.

Precisamos de um recibo.
We need a receipt.

Pode nos trazer um recibo por favor?
Can you give us a receipt, please?

DICA LEGAL 7: GORJETAS
COOL TIP 7: TIPS

A gorjeta (*tip*) nem sempre vem inclusa na conta, nesses casos é aconselhável deixar uma gorjeta equivalente a aproximadamente 10% do total da conta. Lembre-se que dar gorjeta é um procedimento bastante difundido culturalmente nos Estados Unidos e Europa.

🔊 Dialogue: At the snack bar

Waitress: What can I get you guys?
Tourist 1: I'd like a cheeseburger and some fries.
Tourist 2: I'll have the tuna fish and a green salad please.
Waitress: Ok. How about drinks?
Tourist 1: Do you have fresh squeezed orange juice?
Waitress: We do. You want one of those?
Tourist 1: Yes, please.
Tourist 2: I'll have a regular coke, please.
Waitress: Ok! I'll be right back with your drinks.

Veja a tradução desse diálogo na p. 137.

Cardápios
Menus

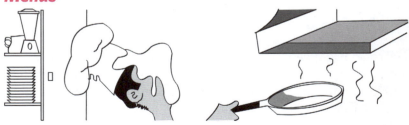

Veja nesta seção pratos típicos do *Breakfast* (café-da-manhã), *Lunch* (almoço), *Snacks* (lanches) e *Dinner* (jantar) nos cardápios de países de língua inglesa. Não deixe de também ver *Glossário Temático: Alimentação*, p. 86.

BREAKFAST

2 Eggs w/ Ham, Bacon or Sausage	$4.75
Eggs (Scrambled, Fried, Poached, Over-easy)	$3.50
2 Eggs w/ Toast	$3.85
Pancake/Flapjack	$2.85
Toast & Jelly	$2.20
Peanut Butter Sandwich	$3.25
Bagel w/ cream cheese or butter	$2.50
Cheese Omelette	$4.20
Veggie Wrap	$3.70
Egg Sandwich w/ Ham, Bacon or Sausage	$3.85
Toast w/ Ham, Bacon or Sausage	$3.10
Waffle w/ Jelly, Honey or Butter	$2.85
Bowl of Cereal	$2.15

Obs: Prices do not include sales tax.

Veja *Sales Tax*, p. 85.

Eggs w/ Ham, Bacon or Sausage: Ovos com presunto, toucinho ou lingüiça
Obs: *w/ = with:* com
Bacon & Egss: Ovos com bacon
Ham & Egss: Ovos com presunto
Eggs: Ovos   *Scrambled:* Mexidos   *Fried:* Fritos   *Poached:* Pochê   *Over-easy:* Frito dos dois lados
Pancake (também conhecida nos EUA por Flapjack): Panqueca de massa doce, costuma ser servida com canela e açúcar, manteiga ou *maple syrup* (melado de maple).
Veja *maple*, p. 86.
Toast: Torrada
Jelly: Geléia
Peanut Butter Sandwich: Sanduíche de pasta de amendoim, muito comum nos Estados Unidos e Canadá
Bagel: Pãozinho em forma de anel e com a crosta dura
Cream cheese: Requeijão
Butter: Manteiga
Cheese Omelette: Omelete de queijo

Veggie Wrap: Tipo de panqueca/sanduíche feito com massa de pão fina, enrolada em legumes

Obs: *Veggie* é a forma coloquial da palavra *vegetarian*.

Egg Sandwich w/ Ham, Bacon or Sausage: Sanduíche de ovo c/ presunto, bacon ou lingüiça

Toast w/ Ham, Bacon or Sausage: Torrada c/ presunto, bacon ou lingüiça

Waffle w/ Jelly, Honey or Butter: Espécie de panqueca servida quente, com geléia, mel ou manteiga, feita em forma elétrica que lhe imprime desenhos quadriculados

Bowl of Cereal: Tigela de cereal

SNACKS

Hamburger	$3.70
Hamburger w/ fries	$5.70
Cheeseburger	$4.75
Cheeseburger w/ fries	$6.75
Veggie burger on a bun	$3.85
Chicken Salad Sandwich	$4.10
Tuna on Rye	$4.25
Smoked Ham Sandwich	$4.20
Turkey Sandwich	$4.10
Grilled Cheese	$3.50
Ham & Cheese Sub	$3.35
Hot Dog w/ fries	$3.85
Hot Dog w/ relish	$3.15
Nachos w/ Chili and Cheese	$3.90
Bean & Cheese Burritos	$4.25
Chicken Taco & Rice	$4.75
Corn on the cob	$2.35
Meat & Vegetable Wrap	$4.15
Slice of Pizza (mozzarella cheese, pepperoni, mushroom)	$3.70
Fish and Chips	$4.20

Obs: Prices do not include sales tax.

Veja *Dica legal 8*, p. 85.

Hamburger w/ fries: hambúrguer c/ fritas
Cheeseburger w/ fries: hambúrguer c/ queijo e fritas
Veggie burger on bun: hambúrguer vegetariano
Bun: pão para hambúrguer ou cachorro-quente
Chicken salad sandwich: sanduíche de frango c/ salada
Tuna on rye: sanduíche de atum no pão de centeio
Smoked ham sandwich: sanduíche de presunto defumado
Turkey sandwich: sanduíche de peru
Grilled cheese: queijo quente
Ham & cheese sub: sanduíche de presunto e queijo
Obs: O termo *sub* é a abreviação de *submarine sandwich*, que se refere aos sanduíches feitos em pão comprido ou baguete.
Hot dog w/ fries: cachorro-quente c/ fritas
Relish: molho condimentado feito de legumes ou frutas picadas e cozinhadas ou picles. *Ex. A hot dog with mustard and relish.*
Nachos: salgado de formato triangular similar ao Doritos®, típico da culinária mexicana e texana, e muito popular nos Estados Unidos. Pode ser recheado com carne moída, queijo, feijão, chili e outros ingredientes.
Burrito: espécie de panqueca salgada, recheada com carne, feijão, tomate, alface, queijo, molho e pimenta. Prato da culinária mexicana muito comum nos EUA.
Taco: crepe mexicano de milho frito, dobrado ao meio ou enrolado, com recheio de carne, frango, queijo etc. Prato da culinária mexicana muito comum nos EUA.
Chicken taco & rice: taco de frango com arroz
Corn on the cob: milho cozido
Meat & vegetable wrap: tipo de panqueca/sanduíche feito com massa de pão fina, enrolada em carne e legumes
Slice of pizza: pedaço de pizza
Mozzarella cheese: queijo mussarela
Pepperoni: tipo de lingüiça italiana apimentada
Mushroom: cogumelo
Fish and chips: peixe com batata frita (muito comum na Inglaterra)

LUNCH & DINNER

SALADS
Green Salad	$2.25
Lettuce and Tomato Salad	$3.20
Caesar Salad	$4.55
Greek Salad	$4.85
Coleslaw	$3.20
Prawn Cocktail	$3.90
Dressing	$0.85
(Italian, Blue Cheese, French or Thousand Island)	
Soups	$1.95
(Chicken Noodle, Cream of Chicken or Minestrone)	

PASTA
Spaghetti w/ meatballs	$6.35
Lasagna w/ mushrooms	$7.45
Creamy Chicken Noodles	$5.75
Breaded Eggplant & Fettuccine Alfredo	$7.85

MEAT
Chicken Parmigiana	$6.55
Sirloin Steak w/ rice and fries	$6.75
Perfect Roast Turkey	$6.25
Stuffed Veal Breast	$7.20
Spicy Mutton Curry	$7.35
Roast Lamb w/ onions and potatoes	$7.85
Pork Chops	$6.25
T-bone Steak & Vegetables	$6.75

SEAFOOD
Smoked Salmon	$7.15
Shrimp Stew	$6.85
Grilled Trout Fillet	$6.55
Lobster Salad	$6.95
Seafood Risotto	$7.25
Fish fillet w/ vegetables	$6.35

SIDE ORDERS
Bread $1.25
(White, Whole wheat, French roll, Rye or Bagel)
Fries $2.25
Onion Rings $2.45
Bowl of Rice $1.65
Chili $2.20
Mashed potatoes $2.75

Obs.: Prices do not include sales tax.

Veja *Dica legal 8*, p. 85.

Green salad: salada de folhas verdes, que pode também incluir outros legumes e verduras como pepino, cebola, pimentão, cenoura, cogumelos etc.
Lettuce and tomato salad: salada de alface e tomate
Caesar salad: salada de alface com croutons (torradinhas de pão), queijo parmesão ralado, frango fatiado e molho mostarda
Obs.: Há muitas variações da *caesar salad,* e alguns ingredientes podem mudar.
Greek salad: salada grega, com tomate, cebola, pepino, azeitona preta e *feta cheese*, um tipo de queijo branco grego feito com leite de ovelha ou cabra
Coleslaw: salada de repolho cru cortado fino, com maionese, cenoura, cebola etc.
Prawn/Shrimp cocktail: Coquetel de camarão
Dressing: molho, tempero para salada
Italian: azeite, vinagre, alho e orégano
Blue Cheese: azeite, vinagre e queijo *roquefort*
French: azeite, vinagre, sal e pimenta
Thousand island: ketchup, maionese e picles
Minestrone: sopa grossa, de origem italiana, feita com legumes, massas e arroz. Outros ingredientes comuns são cenoura, feijão, cebola e tomate.
Pasta: massas
Spaghetti with meatballs: espaguete com almôndegas
Lasagna with mushrooms: lasanha com cogumelos
Noodles: macarrão tipo miojo
Breaded eggplant: beringela à milanesa
Fettuccine Alfredo: fettuccine ao molho branco feito com queijo parmesão e manteiga

Chicken parmigiana: frango à parmegiana
Sirloin steak w/ rice and fries: contrafilé com arroz e fritas
Roast turkey: peru assado
Veal: Carne de vitela
Stuffed veal breast: peito de vitela recheado
Mutton: carne de carneiro
Spicy mutton curry: carne de carneiro ao curry picante/condimentado
Obs: *Curry*, também conhecido em português por "caril", é uma mistura de especiarias (tempero) muito usado na culinária indiana.
Lamb: cordeiro
Roast lamb w/ onions and potatoes: cordeiro Assado c/ cebola e batata
Pork chops: costeletas de porco
T-bone steak: bife grosso de carne nobre com osso em forma de "T"
Seafood: frutos do mar
Smoked salmon: salmão defumado
Shrimp stew: guisado/ensopado de camarão
Grilled trout fillet: filé de truta grelhado
Lobster salad: salada de lagosta
Seafood risotto: risoto de frutos do mar
Fish fillet w/ vegetables: filé de peixe com legumes
Side orders: acompanhamentos
Bread: pão
White: pão de forma branco
Whole wheat: pão integral
French roll: pãozinho francês
Rye: pão de centeio
Bagel: pãozinho em forma de anel e com a crosta dura.
Fries: batatas fritas
Onion rings: cebola frita em massa de farinha, servida em forma de anel
Bowl of rice: tijela de arroz
Chili: molho condimentado de pimentão, tomate e carne, e que também pode incluir feijão. (prato tradicional da culinária mexicana e texana)
Mashed potatoes: purê de batatas

DRINKS

Coffee	$0.85
Decaf	$1.25
Espresso	$2.25
Cafe Latte	$2.85
Cafe Mocha	$3.65
Hot Chocolate	$1.55
Fresh Squeezed Orange Juice	$1.85
Juice (pineapple, watermelon, grapefruit)	$2.15
Hot Tea	$1.25
Iced Coffee / Tea	$2.15
Lemonade	$1.50
Milkshake (chocolate, vanilla, strawberry)	$2.25
Soft Drinks 16 oz. (Coke, Diet Coke, Sprite, Dr. Pepper)	$1.25
refills	$0.35
Draft beer – Mug	$2.35
Pitcher of Soda	$3.20
Smoothies	$2.75

Obs.: Prices do not include sales tax.

Veja *Dica Legal 8*, p. 85.

Coffee: café, normalmente servido em copo grande e muito mais fraco do que o brasileiro. Em algumas *coffee houses* (casas de café) também é chamado de *house coffee* ou *regular coffee*.

Decaf (coffee): café descafeinado

Obs.: *Decaf* é a abreviação de *decaffeinated*, ou seja, sem cafeína.

Espresso: café expresso

Cafe latte: café expresso com leite esquentado com jato de vapor e espuma.

Cafe mocha: uma variação do *cafe latte*. Além do café expresso e leite quente, inclui também calda de chocolate.

Hot chocolate: chocolate quente

Fresh squeezed srange juice: suco de laranja feito na hora

Juice: suco

Pineapple: abacaxi

ALIMENTAÇÃO

Watermelon: melancia

Grapefruit: toranja; fruta cítrica grande (maior do que a laranja), com casca amarela e polpa suculenta

Hot tea: chá quente

Iced coffee/tea: café ou chá gelado

Lemonade: limonada

Milkshake: milk-shake; leite batido

Soft drinks: refrigerantes

Oz.: abreviação de *ounce* (onça), unidade de peso. Uma *ounce* equivale a 28,35 gramas.

Dr. Pepper: marca de refrigerante popular nos Estados Unidos

Refill: refil

Draft beer; tap beer: chope

Mug: caneca

Pitcher of soda: jarra de água c/ gás ou refrigerante

Smoothie: bebida doce e gelada, com consistência similar a de um milk-shake, feita com frutas frescas, gelo batido e, às vezes, iogurte

DESSERTS

Fruit Salad	$2.75
Cakes: chocolate, carrot, orange or lemon	$1.85
Ice cream (vanilla, chocolate, strawberry)	$2.15
Cinnamon rolls	$1.50
Puddings (Chocolate, White Chocolate, Coconut)	$2.25
Apple pie w/ vanilla ice cream	$2.85
Cheesecake (Lemon, Strawberry)	$2.80
Hazelnut Brownie w/ Dark Chocolate Mousse	$3.25
Rice pudding	$2.15
Chocolate/Caramel Sundae	$2.85
Cookies	$1.20
Muffins	$1.55
Brownies	$1.40
Donut	$1.50

Obs.: Prices do not include sales tax.

Veja *Dica legal 8*, p. 85.

Desserts: Sobremesas
Fruit salad: salada de frutas
Cakes – chocolate, carrot, orange or lemon: bolos– chocolate, cenoura, laranja ou limão
Ice cream – vanilla or chocolate: sorvete – baunilha ou chocolate
Obs.: Para se referir à bola de sorvete use a palavra *scoop*.Ex.: ***Two spoons of strawberry ice cream, please!*** (Duas bolas de sorvete de morango, por favor!)
Cinnamon roll: pãozinho de canela
Apple pie w/ vanilla ice cream: torta de maça c/ sorvete de baunilha
Puddings: pudins
Cottage: ricota
Cheesecake: torta de queijo cremoso; cheesecake
Hazelnut brownie w/ dark chocolate mousse: *brownie* de avelã com musse de chocolate
Rice pudding: arroz doce
Chocolate/Caramel sundae: *sundae* de chocolate ou de caramelo
Cookies: biscoitos doce; bolachas
Muffin: bolinho (geralmente com frutas)
Brownie: bolinho de chocolate e nozes
Donut; doughnut: rosquinha de massa frita coberta de açúcar, redonda como sonho e recheada de creme, geléia etc.

DICA LEGAL 8: IMPOSTO DE VENDAS
COOL TIP 8: SALES TAX

O preço informado nos cardápios de restaurantes e outros estabelecimentos comerciais (lojas de roupas, etc.) nos Estados Unidos não inclui a *sales tax* (imposto de vendas), que varia de estado para estado e gira em torno de 6%. Veja abaixo o valor percentual de *sales tax* cobrado em alguns estados americanos.
Califórnia: 6%
Flórida: 6%
Michigan 6%
Nova Iorque: 4%
Texas: 6,25%
Washington D.C.: 5,75%

CAFÉ-DA-MANHÃ *Breakfast*

Açúcar: *sugar*
Açúcar mascavo: *brown sugar*
Adoçante: *sweetner*
Biscoito de água e sal: *cracker*
Biscoito doce: *cookie*
Biscoito salgado em forma de laço: *pretzel*
Bolacha: *cookie*
Bolinho (geralmente com frutas): *muffin*
Bolo: *cake*
Bolo de chocolate: *chocolate cake*
Café: *coffee*
Café com leite: *coffee and milk*
Café puro: *black coffee*
Cereal: *cereal*
Flocos de milho: *corn flakes*
Claras de ovo: *egg whites*
Croissant: *croissant*
Geléia: *jam*
Geléia de morango: *strawberry jam*
Geléia de pêssego: *peach jam*
Gema de ovo: *egg yolk*
Iogurte: *yogurt*
Leite: *milk*
Leite desnatado: *skimmed milk*
Leite em pó: *powdered milk*
Manteiga: *butter*
Margarina: *margarine*
Mel: *honey*
Melado de maple: *maple syrup**
Milk-shake: *milk-shake (ou shake, forma abreviada)*
Milk-shake de chocolate: *chocolate milk-shake*
Ovos com bacon: *bacon and eggs*
Ovos com presunto: *ham and eggs*
Ovo cozido: *hard-boiled egg*
Ovos fritos: *fried eggs*
Ovos mexidos: *scrambled eggs*
Ovos pochê: *poached eggs*
Pãezinhos: *rolls*
Panqueca: *pancake*
Panqueca servida quente, com geléia, mel ou manteiga: *waffle*
Pão branco: *white bread*
Pão com gergelim: *sesame seed bun*
Pão com manteiga: *bread and butter*
Pão de alho: *garlic bread*
Pão de centeio: *rye bread*
Pão integral: *whole wheat bread*
Pão sírio: *pita bread*

* *Maple* – bordo, em português – é uma árvore de seiva rica em açúcar, comum na América do Norte, em especial no Canadá, onde sua folha é o símbolo do país e decora a bandeira nacional.

Pasta de amendoim: *peanut butter*
Pequeno pão em forma de anel e com a crosta dura: *bagel*
Presunto: *ham*
Queijo: *cheese*
Queijo fresco: *cottage cheese*
Queijo parmesão: *parmesan cheese*
Requeijão: *cream cheese*
Ricota: *cottage cheese*
Rosquinha de massa frita coberta de açúcar: *doughnut; donut*
Suco: *juice*
Suco de abacaxi: *pineapple juice*
Suco de laranja: *oranje juice*
Suco de manga: *mango juice*
Suco de maracujá: *passion fruit juice*
Suco de melancia: *watermelon juice*
Torrada: *toast*

ALMOÇO E JANTAR *Lunch and dinner*

Acompanhamento (prato): *side order*
Amendoim: *peanuts*
Aperitivo: *appetizer**
Arroz com feijão: *rice and beans*
Azeitonas: *olives*
Batata frita: *french fries*
Canja de galinha: *chicken soup*
Comida italiana: *italian food*
Coquetel de camarões: *shrimp cocktail*
Espaguete: *spaghetti*
Espaguete com almôndegas: *spaghetti with meatballs*
Macarrão tipo miojo: *noodles*
Massas: *pasta*
Mussarela: *mozzarella*
Lasanha: *lasagna*
Omelete: *omelet*
Ovos: *eggs*
Ovos cozidos: *boiled eggs*
Ovos fritos: *fried eggs*
Ovos mexidos: *scrambled eggs*
Ovos de codorna: *quail eggs*
Pão de alho: *garlic bread*
Patê: *spread*
Patê de queijo: *cheese spread*
Patê de fígado: *liver spread*
Patê de atum: *tuna spread*
Queijo ralado: *grated cheese*
Queijos sortidos: *assorted cheese*
Salada de alface: *green salad*
Salada de alface com *croutons* (torradinhas de pão), queijo ralado, frango fatiado e molho mostarda: *caesar salad*
Salada de alface e tomate: *lettuce and tomato salad*
Salada de repolho: *cole slaw*
Sopa: *soup*
Canja de galinha: *chicken soup*
Sopa de cebola: *onion soup*
Sopa de legumes: *vegetable soup*
Suflê: *soufflé*
Suflê de queijo: *cheese soufflé*
Suflê de espinafre: *spinach soufflé*
Tempero: *seasoning*
Uma refeição leve: *a light meal*
Uma refeição substancial: *a hearty meal*

* A palavra *appetizer* (aperitivo) pode ser usada tanto para comida como para bebida.

ALIMENTAÇÃO

CARNE *Meat*

Aves: *poultry*
Carne assada: *roast beef*
Carne bovina: *beef*
Carne de vaca: *beef*
Carne de porco: *pork*
Costeletas de porco: *pork chops*
Carne moída: *ground beef; mince*
Carneiro: *mutton*
Cordeiro: *lamb*
Codorna: *quail*
Coelho: *rabbit*
Bife: *steak*
Bife de frango: *chicken steak*
Frango: *chicken*
Frango assado: *roast chicken*
Lingüiça: *sausage*
Pato: *duck*
Peito de frango: *chicken breast*
Peru: *turkey*
Peru assado: *roast turkey*
Torta de frango: *chicken pie*
Vitela: *veal*

FRUTOS DO MAR *Seafood*

Anchovas: *anchovies*
Atum: *tuna*
Bacalhau: *cod*
Camarão: *shrimp*
Camarão frito: *fried shrimp*
Lagosta: *lobster*
Linguado: *sole; flounder*
Lula: *squid*
Marisco: *shellfish*
Ostra: *oyster*
Peixe: *fish*
Polvo: *octopus*
Salmão: *salmon*
Salmão defumado: *smoked salmon*
Sardinha: *sardine*
Truta: *trout*

LEGUMES *Vegetables*

Abóbora: *squash*
Aipo: *celery*
Alcachofra: *artichoke*
Alface: *lettuce*
Alho: *Garlic*
Alho-poró: *leek*
Aspargo: *asparagus*
Azeitona: *olive*
Batata: *potato*
Berinjela: *eggplant*
Beterraba: *beet (EUA); beetroot (Ingl.)*
Brócoli: *broccoli*
Cebola: *onion*
Cenoura: *carrot*
Cogumelo: *mushroom*
Couve-flor: *cauliflower*
Ervilhas: *peas*
Espinafre: *spinach*
Feijão: *beans*
Lentilha: *lentil*
Milho cozido: *corn on the cob*
Nabo: *turnip*
Palmito: *hearts of palm*
Pepino: *cucumber*
Pimentão: *green pepper*
Quiabo: *okra*

Rabanete: *radish*
Repolho: *cabbage*
Salsinha: *parsley*
Tomate: *tomato*
Vagem: *string beans*
Zucchini: *abobrinha*

FRUTAS *Fruit*

Abacate: *avocado*
Abacaxi: *pineapple*
Ameixa fresca: *plum*
Ameixa seca: *prune*
Banana: *banana*
Cereja: *cherry*
Coco: *coconut*
Damasco: *apricot*
Figo: *fig*
Framboesa: *raspberry*
Goiaba: *guava*
Kiwi: *kiwi*
Laranja: *orange*
Limão: *lemon*

Maçã: *apple*
Manga: *mango*
Maracujá: *passion fruit*
Melancia: *watermelon*
Melão: *melon*
Mexerica: *tangerine*
Morango: *strawberry*
Papaia: *papaya*
Pêssego: *peach*
Pêra: *pear*
Pip*: *caroço de frutas*
Toranja: *grapefruit*
Uvas: *grapes*
Uvas-passa: *raisins*

SOBREMESAS *Desserts*

Arroz doce: *rice pudding*
Bolos: *cakes*
Bolo de chocolate: *chocolate cake*
Torta de queijo cremoso: *cheesecake*
Musse: *mousse*
Musse de chocolate: *chocolate mousse*

Salada de fruta: *fruit salad*
Sorvete: *ice cream*
Sorvete de creme: *vanilla ice cream*
Sorvete de chocolate: *chocolate ice cream*
Torta de maçã: *apple pie*

FRUTAS SECAS E CASTANHAS *Dry fruit and nuts*

Ameixa seca: *prune*
Amêndoa: *almond*
Amendoim: *peanut*
Avelã: *hazel nut*
Castanha: *chestnut*

Castanha-de-caju: *cashew nut*
Castanha-do-pará: *Brazil nut*
Tâmara: *date*
Uva passa: *raisin*

* *Pip*: caroço de frutas, se o mesmo for pequeno como, por exemplo, o caroço da melancia ou da maçã; para se referir a caroços grandes, como é o caso do caroço do abacate e o do pêssego, utilize a palavra *stone*.

TEMPEROS E CONDIMENTOS *Dressing and condiments*

Açafrão: *saffron*
Alcaparra: *caper*
Alecrim: *rosemary*
Apimentado: *spicy, hot*
Azeite: *olive oil*
Canela: *cinnamon*
Condimento: *spice*
Condimentado: *spicy*
Cravo: *clove*
Ketchup: *ketchup, catchup, catsup*
Maionese: *mayonnaise, mayo*
Molho: *sauce*
Molho de tomate: *tomato sauce*
Manjericão: *basil*
Molho condimentado: *relish*
Mostarda: *mustard*
Orégano: *oregano*
Picante: *spicy*
Picles: *pickles*
Pimenta: *pepper*
Sal: *salt*
Tempero: *spice*
Vinagre: *vinegar*

LANCHES *Snacks*

Burrito: *espécie de panqueca salgada, recheada com carne, feijão, tomate, alface, queijo, molho e pimenta (prato da culinária mexicana muito comum nos EUA)*
Cachorro-quente: *hot-dog*
Hambúrguer: *hamburger*
Hambúrguer com queijo: *cheeseburger*
Misto-quente: *a hot ham and cheese sandwich*
Um sanduíche de presunto e queijo: *a ham and cheese sandwich*
Nachos: *salgado de formato triangular similar ao Doritos®, típico da culinária mexicana e texana e muito popular nos Estados Unidos. Pode ser recheado com carne moída, queijo, feijão e outros ingredientes.*
Pizza: *pizza*
Uma fatia de pizza: *a slice of pizza*
Sanduíche de atum: *tuna sandwich*
Sanduíche de frango: *chicken sandwich*

BEBIDAS *Beverages*

Água: *mineral water*
Água com gás: *sparkling water*
Café com leite: *coffee and milk*
Café puro: *black coffee*
Cappuccino: *cappuccino*
Chá: *tea*
Leite achocolatado: *chocolate milk*
Limonada: *lemonade*
Milkshake: *milk-shake*
Refrigerante: *soft drink, soda*
Suco: *juice*

BEBIDAS ALCOÓLICAS *Alcoholic beverages*

Cerveja: *beer*
Chope: *draft beer*
Conhaque: *brandy*
Drinque doce feito com rum e suco de frutas: *daiquiri*
Drinque feito com suco de abacaxi, coco e vodca, ou outra bebida alcólica como, por exemplo, aguardente: *piña colada*
Drinque feito com suco de tomate e vodca: *bloody mary*
Drinque feito com tequila e suco de limão galego ou limão taiti: *margarita*
Gim: *gin*
Um gim-tônica: *a gin and tonic*
Martini seco: *dry martini*
Vinho: *wine*
Vinho branco: *white wine*
Vinho tinto: *red wine*
Vodca: *vodka*
Uísque: *whisky*
Com gelo: *on the rocks*
Puro: *straight*

Atrações Turísticas & Lazer e Diversão

🔊 Dialogue: What places should we visit?

Tourist: Hello. I'd like to do some sightseeing. Can you recommend some places?
Front desk: Sure ma'am, there's a lot to see in the city. Have you been to any places yet?
Tourist: Not really. I got here last night.
Front desk: Ok, let me show you some places on the map here. Do you like parks and museums? (Voice fading.)

Veja a tradução desse diálogo na p. 138.

Planejando um passeio turístico pela cidade
Planning a sightseeing tour

Gostaríamos de fazer um passeio turístico, você recomenda algum lugar?
We'd like to do some sightseeing, can you recommend any places?

O que há de interessante para ver?
What are the main points of interest?

Há um posto de informações turísticas aqui perto?
Is there a tourist office near here?

Você pode nos dar um mapa turístico?
Can you give us a tourist map?

Você pode recomendar algum passeio turístico pela cidade?
Can you recommend a sightseeing tour?

Quanto custa este passeio?
How much does this tour cost?

Quanto tempo de duração?
How long does it take?

Da onde parte esta excursão?
Where does it leave from?

Que horas começa a excursão?
What time does it start?

Que horas estaremos de volta?
What time do we get back?

Vamos ter tempo livre para fazer compras?
Will we have free time to go shopping?

O guia fala português/espanhol/inglês?
Does the tour guide speak Portuguese/Spanish/English?

Você pode me mostrar no mapa?
Can you show me on the map?

Fazendo um passeio turístico pela cidade
On a sightseeing tour

Qual a distância até a catedral/castelo/palácio/estátua?
How far is it to the cathedral/castle/palace/statue?

Podemos parar aqui para tirar fotos?
Can we stop here to take pictures?

Você poderia por favor tirar uma foto nossa?
Could you please take a picuture of us?

Há lojas de suvenir aqui perto?
Are there any gift shops around here?

Há banheiro aqui perto?
Is there a toilet near here?

Quanto tempo vamos ficar aqui?
How long are we staying here for?

A catedral/castelo/palácio/museu está aberto ao público?
Is the cathedral/castle/palace/museum open to the public?

Quando foi construído(a)?
When was it built?

Vocês têm guias impressos em português/espanhol/inglês?
Do you have any guide books in Portuguese/Spanish/English?

Há acesso para deficientes?
Is there access for disabled people?

Quanto custa a entrada?
How much is the entrance fee?

Tem desconto para crianças/estudantes/grupos/terceira idade?
Are there any discounts for children/students/groups/senior citizens?

PLACAS COMUNS EM PAÍSES DE LÍNGUA INGLESA
USUAL SIGNS IN ENGLISH SPEAKING COUNTRIES

ATRAÇÕES TURÍSTICAS & LAZER E DIVERSÃO

 TELEFONE PARA CONTATAR A POLÍCIA, EMERGÊNCIAS MÉDICAS E INFORMAR SOBRE INCÊNDIOS (EUA)

 ATRAVESSE NA FAIXA

 OU CUIDADO. CHÃO MOLHADO.

ÁREA PARA FUMANTES

 PROIBIDO FUMAR. É CONTRA A LEI FUMAR NESTE RECINTO.

 PROPRIEDADE PRIVADA. PROIBIDA A ENTRADA.

 PROIBIDO "VADIAR"

Obs.: Placa normalmente vista em banheiros públicos. O verbo *to loiter/loitered/loitered* significa "ficar parado em atitude suspeita"; "vadiar".

 O U PROIBIDO JOGAR LIXO

 PROIBIDO JOGAR LIXO. OS INFRATORES SERÃO PROCESSADOS.

 MULTA DE 100 DÓLARES

 SAÍDA DE EMERGÊNCIA

PERIGO. NÃO ENTRE.

 PESSOAS AUTORIZADAS APENAS

`24 HR ATM`   CAIXA ELETRÔNICO 24 HORAS

Obs.: ATM: abreviação de *Automated Teller Machine*.

Acampamento: *camp*
Acampar: *go camping*
Aldeia: *village*
Alpinismo: *mountain climbing*
Aplaudir; ovacionar: *to cheer/ cheered/cheered*
Área para piquenique: *picnic area*
Areia: *sand*
Asa-delta: *hang-gliding*
Atletismo: *athletics*
Automobilismo: *motor racing*
Banana boat: *banana boat*
Barraca: *tent*
Basquetebol: *basketball*
Beisebol: *baseball*
Biblioteca: *library*
Boate: *nightclub*
Boliche: *bowling*
Boxe: *boxing*
Bronzeado: *tan*

Bronzeado(a) (adj).: *tanned* **(adj.)**
Bungee jumping: *bungee jumping*
Cachoeira: *waterfall*
Camping: *campground (EUA); campsite (Ingl.)*
Canoagem: *canoeing*
Cassino: *casino*
Castelo: *castle*
Catedral: *cathedral*
Cavalo: *horse*
Caverna: *cave.*
Cemitério: *cemetery*
Ciclismo: *cycling*
Ciclovia: *bike lane*
Cinema (sala): *movie theater (EUA); cinema (Ingl.)*
Circo: *circus*
Colina: *hill*
Corrida: *jogging, running*
Cruzeiro: *cruise*

Entrar na fila: *get in the line*
Escalar montanhas: *climb mountains*
Esportes radicais: *radical sports*
Esqui: *skiing*
Estádio: *stadium*
Estátua: *statue*
Fazer trilha: *go hiking*
Fila: *line*
Filme: *movie; film*
Floresta: *forest*
Futebol: *soccer (EUA); football (Ingl.)*
Futebol americano: *football*
Galeria de arte: *art gallery*
Golfe: *golf*
Guarda-sol: *beach umbrella*
Handebol: *handball*
Hipismo: *horseback riding*
Hipódromo: *racetrack (EUA); racecourse (Ingl.)*
Hóquei: *hockey*
Igreja: *church*
Jardim botânico: *botanic garden*
Jet ski: *jet ski*
Jogar (esportes; jogos): *to play/played/played*
Jogar (em cassinos): *to gamble/gambled/gambled*
Karatê: *karate*
Lago: *lake*
Lanterna: *flashlight (EUA); torch (Ingl.)*
Levantamento de peso: *weightlifting*
Mergulhar: *to dive/dived/dived*
Mergulho: *diving; scuba diving*
Mesquita: *mosque*
Montanha russa: *roller coaster*
Monumento: *monument*

Morro: *hill*
Mosteiro: *monastery*
Museu: *museum*
Natação: *swimming*
Óculos de sol: *sunglasses*
Onda: *wave*
Palco: *stage*
Palácio: *palace*
Parque de diversões: *amusement park*
Passar férias: *spend vacation*
Passeio de barco: *boat ride*
Patim (para andar no gelo): *ice skate*
Patim (de rodas): *roller skate*
Patinação: *skating*
Patinação no gelo: *ice skating*
Peça teatral: *play*
Penhasco: *cliff*
Pesca: *fishing*
Ponte: *bridge*
Praia: *beach*
Prancha de surfe: *surfboard*
Protetor solar: *sunscreen; sunblock*
Quadra de esportes: *court*
Quadra de basquete/tênis/etc.: *basketball/tennis/etc. court*
Quadriciclo: *ATV (abreviação de All Terrain Vehicle)*
Rafting: *(whitewater) rafting*
Rapel: *rappeling (EUA); abseiling (Ingl.)*
Shopping: *shopping center; mall*
Show; espetáculo: *show*
Sinagoga: *synagogue*
Skatismo: *skate boarding*
Squash: *squash*
Surfar: *to surf/surfed/surfed*
Surfe: *surfing*

Taco de golfe: *golf club*	Vehicle)
Taco de hóquei: *stick*	**Trilha (esporte):** *hiking*
Taco de sinuca: *cue*	**Trilha (caminho):** *path; track; trail*
Teatro: *theater*	**Vaiar:** *to boo/booed/booed*
Tênis: *tennis*	**Vara de pescar:** *fishing rod*
Tênis de mesa: *tennis table*	**Velejar:** *sailing*
Tomar banho de sol: *to sunbathe/ sunbathed/sunbathed*	**Voleibol:** *volleyball*
	Windsurf: *windsurfing*
Torre: *tower*	**Xadrez:** *chess*
Trailer: *RV (abreviação de Recreational*	**Zoológico:** *zoo*

Lazer e diversão: Vocabulário & Expressões em Uso
Leisure and entertainment: Vocabulary & Expressions in Use

ACAMPAR: *to go camping*
Clint and Sue used to enjoy going camping when they were young.
Clint e Sue gostavam de acampar quando eram jovens.

BRINQUEDO EM PARQUE DE DIVERSÃO: *ride*
Do you know how many different rides they have at this amusement park?
Você sabe quantos brinquedos diferentes tem neste parque de diversão?

BRONZEADO: *tan*
You have a nice tan. Have you been sunbathing?
Você está com um bronzeado bonito. Esteve tomando banho de sol?

BRONZEAR-SE; PEGAR UM BRONZE: *to get a tan*
"It's such a beautiful sunny day! I think I'll lie by the pool and get a tan.", said Rita to her friends.
"Está um dia ensolarado tão bonito. Acho que vou me deitar à beira da piscina e pegar um bronzeado.", disse Rita aos amigos.

CRUZEIRO: *cruise*
Oliver and Jane went on a cruise to the Bahamas on their honeymoon.
Oliver e Jane fizeram um cruzeiro para as Bahamas em sua lua-de-mel.

DESCANSAR; RELAXAR: *to rest/rested/rested; to relax/relaxed/relaxed; to unwind/unwinded/unwinded*
You've been working way too much lately. Why don't you take a few days off to unwind?
Você tem trabalhado demais ultimamente. Por que não tira alguns dias de folga para relaxar?

JOGAR EM CASSINOS: *to gamble/gambled/gambled*
Tourists from all over the world go to Vegas to gamble.
Turistas do mundo inteiro vão a Las Vegas para jogar nos cassinos.

PARQUE DE DIVERSÃO: *amusement park*
"Gosh, I've never been to such a huge amusement park!", said Tim to his friends.
"Puxa, eu nunca estive em um parque de diversões tão grande!", disse Tim aos amigos.

PASSAR FÉRIAS: *spend vacation*
Where do you feel like spending your next vacation?
Onde você tem vontade de passar as próximas férias?

PESCAR: *to go fishing*
Josh loves to go fishing. He says it's like therapy for him.
Josh adora pescar. Ele diz que é como uma terapia para ele.

PROTETOR SOLAR: *sunscreen; sunblock*
Don't forget to wear sunscreen! It's pretty sunny out there.
Não se esqueça de usar protetor solar! Está um sol forte lá fora.

TOMAR BANHO DE SOL: *to sunbathe/sunbathed/sunbathed*

I feel like going to the beach to sunbathe.
Estou com vontade de ir à praia e tomar banho de sol.

Fazendo Compras

🔊 *Dialogue: At the shoe store*

Clerk: *How can I help you sir?*
Tourist: *I'm looking for sneakers. Do you have anything on sale?*
Clerk: *Some of our sneakers are 30% off. Let me show them to you. Over here, please (leading customer to another section of the store).*
Tourist: *Do you have these in black?*
Clerk: *I guess so. What size do you wear?*
Tourist: *Ten and a half or eleven. It depends on the sneakers.*
Clerk *(looking for sneakers): OK! Here's size eleven. Why don't you try them on?*
Tourist: *Thanks!*

Veja a tradução desse diálogo na p. 138.

Comprando roupas e calçados: frases do balconista
Shopping for clothes and shoes: clerk's phrases

Posso ajudá-lo?
Can I help you?
Em que posso ajudar?
What can I do for you?
O(A) senhor(a) já foi atendido(a)?
Have you been helped sir/madam?
Que tamanho você usa?
What size do you wear?
Você gostaria de experimentar?
Would you like to try it on?
Estamos sem/Não temos mais...
We are out of...
Vendemos todos(as)/Os(as ... acabaram.
We sold out of...
Não trabalhamos com...
We don't carry...
Está tudo com 20% de desconto.
Everything is 20% off.
Os sapatos femininos estão em promoção.
We have a sale on women's shoes.
Só um momento, vou pegar para você.
Just a moment, I'll get it for you.
O provador fica ali.
The fitting room is over there.
A camisa serviu?
Did the shirt fit you?
Precisa de mais alguma coisa?
Do you need anything else?
Quer que embrulhe para presente?
Would you like it gift-wrapped?
Dinheiro ou cartão?
(Will that be) cash or charge?

Comprando roupas e calçados: perguntas do cliente
🔊 *Shopping for clothes and shoes: customer's questions*

Estou procurando roupas esportivas/um terno/gravatas/etc.
I'm looking for sport clothes/a suit/ties/etc.
Você pode me mostrar as camisas/calças/etc.?
Can you show me your shirts/pants/etc.?
Estou procurando sapatos/tênis/sandálias/chinelos.
I'm looking for shoes/sneakers/sandals/slippers.
Você pode me mostrar o vestido da vitrine?
Can you show me the dress in the window?
Você tem calças/camisas em liquidação?
Do you have any pants/shirts on sale?
O que mais está em liquidação?
What else is on sale?
Qual é o preço normal destes tênis?
What's the usual price of these sneakers/tennis shoes?
Posso experimentar?
Can I try it on?
Posso experimentar um tamanho maior/menor?
Can I try on a larger/smaller size?
Você tem um tamanho menor/maior?
Do you have a smaller/larger size?
Você tem essa peça em azul/verde/etc.?
Do you have it in blue/green/etc.?
Você tem aquele vestido em vermelho?
Do you have that dress in red?
Você tem este suéter no meu tamanho?
Do you have this sweater in my size?
Onde é o provador?
Where's the fitting room?
Tem espelho?
Do you have a mirror?
Quanto é esta camisa/vestido/etc.?
How much is this shirt/dress/etc.?
Pode embrulhar para presente?
Can you wrap it as a gift?/Can I have this gift-wrapped?

Você tem camisas de manga curta?
Do you have short-sleeved shirts?

Que horas vocês fecham?
What time do you close?

Vocês abrem no domingo?
Are you open on Sunday?

Vocês dão descontos para pagamento à vista?
Is there any discount if I pay in cash?

Você pode me dar um recibo, por favor?
Can you give me a receipt for that, please?

Comprando roupas e calçados: comentários do cliente
🔊 *Shopping for clothes and shoes: customer's comments*

Só estou olhando. Obrigado.
I'm just looking. Thank you.

Está pequeno(a)/grande demais.
It's too small/large.

Não serve.
It doesn't fit.

Estes sapatos estão apertados.
These shoes are tight.

Esta camisa está folgada/apertada.
This shirt is loose/tight.

Eu normalmente uso tamanho pequeno/médio/grande/GG.
I'm usually a small/medium/large/extra-large. *

Não sei o meu tamanho.
I don't know what my size is./I don't know what size I am.

---

* Fique também atento às abreviações muito usadas nas etiquetas de roupas:
S – *small* / M – *medium* / L – *large* / XL – *extra large*

Fazendo compras no supermercado
🔊 *Shopping at the supermarket*

Onde estão os carrinhos do supermercado?
Where are the shopping carts?
Onde eu encontro as cestas para fazer compras?
Where can I find shopping baskets?
Você sabe onde fica a seção de frutas?
Do you know where the fruit section is?
Vocês vendem cartões postais/suvenir aqui?
Do you sell postcards/souvenirs here?
Onde encontro pilhas?
Where can I find batteries?
Fica no corredor três.
That's in aisle three.
Onde fica a seção de padaria?
Where is the bakery section?
Vocês vendem remédios aqui?
Do you sell medicine here?
Onde encontro filme para máquina fotográfica?
Where can I find camera film?
Vocês revelam filme aqui?
Do you develop film here?

Fazendo compras: Vocabulário & Expressões em Uso
Shopping: Vocabulary & Expressions in Use

CARTÃO DE CRÉDITO: *credit card*
   Do you take credit cards?
   Vocês aceitam cartão de crédito?

CÓDIGO DE BARRA: *bar code*
   The checkout attendant ran the scanner over the bar code to check the price.
   A atendente do caixa passou o scanner no código de barra para checar o preço.

FAZENDO COMPRAS

CAIXA ELETRÔNICO DE BANCO: *ATM (Automated Teller Machine) (EUA); cash machine (Ingl.); Cashpoint ® (Ingl.)*
   I need to get some cash. Do you know if there's an ATM nearby?
   Preciso pegar algum dinheiro. Você sabe se tem um caixa eletrônico por perto?

CORREDOR (EM SUPERMERCADOS, DROGARIA, ETC.): *aisle*
   You can find dental floss and toothpaste in aisle five.
   Você encontra fio dental e pasta de dente no corredor cinco.

DESCONTO: *discount*
   "We can give you a discount on the shoes if you buy three pairs", the clerk told Brian.
   "Podemos dar um desconto nos calçados se você comprar três pares", a atendente disse para Brian.

HORÁRIO DE FUNCIONAMENTO: *business hours*
   What are the store's business hours?
   Qual é o horário de funcionamento da loja?

PRATELEIRA: *shelf (shelves pl.)*
   "I think there's sunscreen on those shelves over there", said Brian.
   "Acho que tem protetor solar naquelas prateleiras ali", disse Brian.

PROVAR; EXPERIMENTAR (ROUPAS; CALÇADOS ETC.): *to try/tried/tried on (clothes; shoes; etc.)*

PROVADOR (EM LOJAS): *fitting room*
   "Can I try on this T-shirt?", Nick asked the store clerk.
   "Posso experimentar esta camiseta?", Nick perguntou ao atendente da loja.
   "Sure. There's a fitting room over there.", said the clerk
   "Claro. Tem um provador ali.", disse o atendente.

20% DE DESCONTO: *20% off*
   Everything in the store is at least 20% off.
   Tudo na loja está com um desconto de pelo menos 20%.

REEMBOLSO: *refund*
   "Would you prefer to exchange it for another one or to have a refund?", the clerk asked Mrs. Robinson.
   "A sra. prefere trocar por um outro ou quer o reembolso?", o balconista perguntou à sra. Robinson.

LIQUIDAÇÃO: *sale; clearance*
   They have a great sale storewide today. Everything is at least 30% off.
   Eles estão com uma ótima liquidação hoje. Tudo está com pelo menos 30 % de desconto.

Reclamando de algo que você comprou
Complaining about something you bought

Posso falar com o gerente, por favor?
   Can I talk to the manager, please?
Acho que há algo errado com...
   I think there's something wrong with...
Queria fazer uma reclamação sobre...
   I'd like to make a complaint about...
Queria reclamar a respeito de...
   I'd like to complain about...
Pode trocar isso aqui por favor?
   Can you exchange this please?
Aqui está o recibo.
   Here's the receipt.
Quero o reembolso...
   I'd like a refund...
O *laptop*/máquina fotográfica que comprei aqui ontem não está funcionando.
   The notebook computer/camera I bought here yesterday is not working.

O tênis que comprei não é do meu tamanho.
The sneakers/tennis shoes I bought are not my size.

Queria devolver este aparelho de DVD que comprei aqui há alguns dias.
I'd like to take back this DVD-player I bought here a few days ago.

O vendedor que nos atendeu foi muito grosseiro.
The clerk that waited on us was very rude.

Ele foi muito mal-educado.
He was really impolite.

GLOSSÁRIO TEMÁTICO: ROUPAS E CALÇADOS
THEME GLOSSARY: CLOTHES AND SHOES

Agasalho: *jogging suit*
Blusa (de mulher): *blouse*
Boné: *baseball cap*
Botas: *boots*
Cachecol: *scarf*
Calção: *trunks*
Calças: *pants (EUA); trousers (Ingl.)*
Calcinha: *panties (EUA); knickers (Ingl.)*
Camisa: *shirt*
Camisa pólo: *polo shirt*
Camiseta: *t-shirt*
camiseta regatta: *tanktop*
Casaco: *coat*
Chapéu: *hat*
Chinelos: *slippers*
Chuteira: *cleats*
Cinto: *belt*
Colete: *vest* **(EUA);** *waistcoat* **(Ingl.)**
Cueca: *underpants*
Cueca samba-canção: *boxer shorts; boxers*
Gravata: *tie*

Jaqueta de couro: *leather jacket*
Jeans: *jeans*
Liquidação: *sale*
Loja de departamentos: *department store*
Maiô: *bathing suit*
Meias: *socks*
Minisaia: *mini skirt*
Moletom: *sweatshirt*
Pijama: *pajamas (EUA); pyjamas (Ingl.)*
Provador: *fitting room*
Roupão: *robe*
Saia: *skirt*
Sandálias: *sandals*
Sapatos: *shoes*
Shopping: *shopping center; mall*
Suéter: *sweater*
Sutiã: *bra*
Tênis: *sneakers; tennis shoes*
Terno: *suit*
Vestido: *dress (pl. dresses)*

Câmbio: trocando dinheiro
🎧 *Currency Exchange: exchanging money*

Vocês trocam dinheiro estrangeiro aqui?
Do you exchange foreign currency here?

Onde posso trocar dinheiro aqui perto?
Where can I exchange money nearby?

Tem uma casa de câmbio por perto?
Is there an exchange office nearby?

Qual é a taxa de câmbio para o real?
What is your exchange rate for the Brazilian Real?

Posso trocar meus cheques de viagem aqui?
Can I cash my traveler's checks here?

Qual é a taxa de câmbio do dólar para o real?
What's the exchange rate from the dollar to the real?

Quanto vocês cobram de comissão?
How much comission do you charge?

Eu queria trocar quinhentos reais por dólares/euros.
I'd like to change five hundred* reais into dollars/euros.

---

* *Hundred*: palavra usada para expressar a centena. Ex. *three hundred* (trezentos); *seven hundred* (setecentos). Para o milhar usa-se a palavra *thousand*. Ex. *two thousand* (dois mil); *nine thousand* (nove mil).

CÉDULAS AMERICANAS *American bills*

As cédulas utilizadas nos Estados Unidos são de: 1, 2 (rara), 5, 10, 20, 50 e 100 dólares. Ao falar sobre dinheiro, é muito provável que você ouça o termo *buck*, palavra informal muito usada pelos americanos para se referir ao dólar.

A: *How much do I owe you?*
Quanto lhe devo?

B: *Ten bucks!*
Dez dólares!

That DVD player costs two hundred and twenty-five dollars/bucks.
Aquele aparelho de DVD custa duzentos e vinte e cinco dólares.

Veja as cédulas americanas abaixo:

ONE-DOLLAR BILL (CÉDULA DE UM DÓLAR)

TWO-DOLLAR BILL (CÉDULA DE DOIS DÓLARES)

FIVE-DOLLAR BILL (CÉDULA DE CINCO DÓLARES)

TEN-DOLLAR BILL (CÉDULA DE DEZ DÓLARES)

TWENTY-DOLLAR BILL (CÉDULA DE VINTE DÓLARES)

FIFTY-DOLLAR BILL (CÉDULA DE CINQÜENTA DÓLARES)

ONE HUNDRED-DOLLAR BILL (CÉDULA DE CEM DÓLARES)

MOEDAS AMERICANAS *American coins*

Penny – 1 cent (moeda de um centavo)
Nickel – 5 cents (moeda de 5 centavos)
Dime – 10 cents (moeda de 10 centavos)
Quarter – 25 cents (moeda de 25 centavos)

Obs.: O *cent* (centavo) é equivalente à centésima parte do *dollar* (dólar).

Além das moedas usuais descritas na página anterior, existem também outras duas moedas raras, a *half-dollar coin*, que vale *50 cents* (moeda de 50 centavos) e traz a imagem de John F. Kennedy, e a *one-dollar coin*, moeda de um dólar, que homenageia os presidentes americanos.

Veja abaixo as moedas americanas:

IMAGEM DE ABRAHAM LINCOLN
PENNY – 1 CENT (MOEDA DE UM CENTAVO)

IMAGEM DE THOMAS JEFFERSON
NICKEL – 5 CENTS (MOEDA DE 5 CENTAVOS)

IMAGEM DE FRANKLIN ROOSEVELT
DIME – 10 CENTS (MOEDA DE 10 CENTAVOS)

IMAGEM DE GEORGE WASHINGTON
QUARTER – 25 CENTS (MOEDA DE 25 CENTAVOS)

Obs.: O reverso desta moeda varia dependendo do estado americano. O da moeda acima refere-se ao estado de Delaware, considerado o primeiro estado americano.

IMAGEM DE JOHN F. KENNEDY
HALF-DOLLAR COIN – 50 CENTS (MOEDA DE 50 CENTAVOS)

Obs.: A moeda de *50 cents*, também conhecida por *fifty-cent piece*, é rara e normalmente usada apenas em cassinos.

IMAGEM DE JAMES MONROE
ONE-DOLLAR COIN (MOEDA DE UM DÓLAR)

Obs.: A moeda de um dólar, também conhecida nos Estados Unidos por *presidential coin* (moeda presidencial), homenageia vários presidentes americanos do passado como John Quincy Adams, Andrew Jackson, Martin Van Buren e James Monroe, o quinto presidente americano (no detalhe acima).

CÉDULAS INGLESAS *English bills*

A unidade monetária na Inglaterra é o *pound* (libra), cujo símbolo é o £. A centésima parte do *pound* é o *penny* (*pence*, no plural). Os ingleses usam informalmente o termo *quid* (*quid*, no plural também) para se referir à libra, por exemplo, *four quid* (quatro libras).

A abreviação *p* (pronunciada como a letra do alfabeto) é usada para se referir à *pence*, por exemplo, *five p* (*five pence*).

As cédulas usadas na Inglaterra são de *5 pounds* (5 libras), *10 pounds* (10 libras), *20 pounds* (20 libras) e *50 pounds* (50 libras).

Veja abaixo as cédulas usadas na Inglaterra:

FIVE-POUND BILL OU FIVE-POUND NOTE (CÉDULA DE CINCO LIBRAS)

Obs.: A cédula de cinco libras também é informalmente chamada de *fiver*.

TEN-POUND BILL OU TEN-POUND NOTE (CÉDULA DE DEZ LIBRAS)

Obs.: A cédula de dez libras é também popularmente conhecida por *tenner*.

TWENTY-POUND BILL OU TWENTY-POUND NOTE
(CÉDULA DE VINTE LIBRAS)

FIFTY-POUND BILL OU FIFTY-POUND NOTE
(CÉDULA DE CINQÜENTA LIBRAS)

MOEDAS INGLESAS *English coins*

As moedas usadas na Inglaterra são de *1 penny*, *2 pence*, *5 pence*, *10 pence*, *20 pence*, *50 pence*, *1 pound* (1 libra) e *2 pounds* (2 libras).

Obs.: O *penny* é a centésima parte do *pound* (libra). O plural de *penny* é *pence*.

Veja as moedas inglesas abaixo:

1 PENNY
1P (MOEDA DE 1 PENNY, CENTÉSIMA PARTE DE UMA LIBRA)

2 PENCE
2P (MOEDA DE 2 PENCE)

5 PENCE
5P (MOEDA DE 5 PENCE)

10 PENCE
10P (MOEDA DE 10 PENCE)

20 PENCE
20P (MOEDA DE 20 PENCE)

50 PENCE
50P (MOEDA DE 50 PENCE)

1 POUND
£1 (moeda de 1 libra)

2 POUNDS
£2 (moeda de 2 libras)

Lojas e Serviços: frases usuais
Stores and services: usual phrases

Como posso ajudá-lo?
How can I help you?
Em que posso ajudar?
What can I do for you?
Posso ajudar?
Can I help you?
Vocês têm pilhas/fio dental?
Do you have batteries/dental floss?
Estou procurando...
I'm looking for...
Só estou olhando, obrigado.
I'm just looking, thanks./I'm just browsing, thanks.
Você sabe se tem um caixa eletrônico de banco aqui perto?
Do you know if there is an ATM (EUA)/cash machine; Cashpoint® (Ingl.) near here?
Tem uma banca de jornal/livraria aqui perto?
Is there a newsstand/bookstore (EUA)/bookshop (Ingl.) near here?
Veja *Glossário Temático: Lojas e serviços*, p. 122.

A que horas o banco/o supermercado/a loja abre?
What time does the bank/supermarket/store open?
A que horas o correio/a loja fecha?
What time does the post office/store close?
Vocês fecham para o almoço?
Do you close for lunch?
Vocês abrem à noite/aos sábados?
Are you open in the evening/on Saturdays?

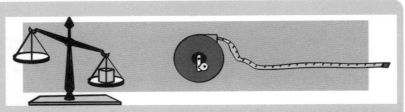

DICA LEGAL 9: UNIDADES DE MEDIDA
COOL TIP 9: MEASURING UNITS

Nos Estados Unidos, na Inglaterra e em outros países de língua inglesa, as unidades de medida de altura são a polegada (*inch*, equivalente a 2,5 cm) e o pé (*foot*, corresponde aproximadamente a 30 cm). Já a unidade de peso é a libra (*pound*), que equivale a aproximadamente 450 gramas.
Veja alguns exemplos em frases contextualizadas:

Nicole is five foot four. (ou também "Nicole is five feet four inches")
Nicole tem um metro e sessenta de altura.

A: How tall is Jim?
Qual é a altura do Jim?

B: I'm not sure. He's very tall. He must be about six foot five. (ou ... six feet five inches.)
Não tenho certeza. Ele é bem alto. Deve ter mais ou menos um metro e noventa de altura.

That box is heavy. It weighs about 90 pounds.
Aquela caixa é pesada. Pesa uns quarenta quilos.

A: How much do you weigh?
Quanto você pesa?

B: About 190 pounds.
Aproximadamente oitenta e cinco quilos.

No correio: frases usuais
🔊 At the post office: usual phrases

Tem uma agência do correio aqui perto?
Is there a post office near here?

Onde fica a caixa de correio mais próxima?
Where is the closest mail-box?

Onde posso comprar selos e envelopes?
Where can I buy stamps and envelopes?

De quantos selos eu preciso para mandar esta carta?
How many stamps do I need to send this letter?

Que horas o correio abre/fecha?
What time does the post office open/close?

Eu preciso enviar este pacote para o Brasil/a Europa/etc.
I need to send this package to Brazil/Europe/etc.

Vocês vendem caixas aqui?
Do you sell boxes here?

Quanto custa a entrega rápida?
How much does it cost for fast delivery?

Eu gostaria de enviar esse pacote com seguro.
I'd like to insure this package.

Há algums itens frágeis no pacote
There are some fragile items in the package.

Quanto é?
How much is it?

Qual é a forma mais barata de envio?
What is the cheapest way to send it?

Quanto tempo vai levar para chegar no Brasil?
How long will it take to get to Brazil?

Qual é a forma mais rápida de envio?
What's the fastest way to send it?

Não sei o CEP.
I don't know the Zip Code (EUA)/Postcode (Ingl.).

Vocês têm cartões-postais?
Do you have postcards?

GLOSSÁRIO TEMÁTICO: LOJAS E SERVIÇOS
THEME GLOSSARY: STORES AND SERVICES

Açougue: *butcher's*
Antiquário: *antique shop*
Agência de correio: *post office*
Agência de viagens: *travel agency*
Banca de jornal: *newsstand*
Barbearia: *barbershop (EUA); barber's (Ingl.)*
Biblioteca: *library*
Cabeleireiro: *hairdresser's*
Caixa eletrônico de banco: *ATM (abreviação de Automated Teller Machine) (EUA); cash machine (Ingl.); Cashpoint® (Ingl.)*
Chaveiro: *locksmith*
Correios: *post office*
Cyber café; café c/ pontos de acesso à Internet: *cyber café; internet café*
Delegacia de polícia: *police station*
Dentista: *dentist*
Drogaria: *drugstore (EUA); chemist's (Ingl.)*
Farmácia: *drugstore (EUA); chemist's (Ingl.)*
Floricultura: *florist*
Joalheria: *jeweller*
Hospital: *hospital*
Lavanderia (auto-serviço): *laundromat (EUA); launderette (Ingl.)*
Livraria: *boostore (EUA); bookshop (Ingl.)*
Loja de alimentos dietéticos/naturais: *health food store/shop*
Loja de artigos esportivos: *sports store/shop*
Loja de brinquedos: *toy store (EUA); toy shop (Ingl.)*
Loja de departamentos: *department store*
Loja de eletrônicos: *electronics store*
Lojinha de presentes (em hotéis): *gift shop*
Mercado: *market*
Mercadinho: *deli (abreviação de delicatessen)*
Veja *Dical Legal 10*, p. 122.
Oficina: *garage*
Ótica: *optician*
Padaria: *bakery*
Papelaria: *stationery store (EUA); stationer's (Ingl.)*
Peixaria: *fish market (EUA); fishmonger's (Ingl.)*
Shopping center: *shopping center; mall*
Supermercado: *supermarket*
Tabacaria: *tobacco shop*

DICA LEGAL 10: DELI
COOL TIP 10: DELI

Nos Estados Unidos e outros países de língua inglesa são bastante comuns as *deli*, abreviação de *delicatessen*, espécie de pequeno mercado onde se pode comprar frios, pães, saladas, frutas e lanches prontos.

Ex. I'll go buy a sandwich at the deli on the corner.
Vou comprar um sanduíche no mercadinho da esquina.

Fazendo compras na farmácia
🔊 *Shopping at the drugstore*

Com licença, onde encontro fio dental?
Excuse me, where can I find dental floss?

Fica no corredor cinco.
That's in aisle five.

Você sabe onde posso encontrar protetor solar?
Do you know where I can find sunscreen?

Preciso de cortador de unhas, você sabe onde posso encontrar?
I need a nail-clipper, do you know where I can find them?

Eles estão no corredor dois.
They are in aisle two.

Preciso de creme de barbear. Você sabe onde está?
I need shaving cream/shaving foam. Do you know where it is?

Vocês têm algum outro tipo de condicionador de cabelos e xampu?
Do you have any other kind of hair conditioner and shampoo?

Absorvente higiênico: *sanitary pad; maxi pad; sanitary napkin (EUA); sanitary towel (Ingl.); tampon; Tampax ® (em formato de tubo)*
Academia de ginástica: *gym*
Acetona: *nail remover*
Água oxigenada: *peroxide*
Algodão: *cotton*
Analgésico: *painkiller*
Anestesia: *anesthetic*
Antibiótico: *antibiotics*
Anticoncepcional: *contraceptive*
Antisséptico: *antiseptic*
Aparelho de barbear: *safety razor*
Armação de óculos: *frame*
Aspirina: *aspirin*
Atadura: *bandage*

Barbeador elétrico: *electric razor; shaver*
Batom: *lipstick*
Bronzeador: *suntan lotion*
Calmante: *tranquilizer*
Colírio: *eye drops*
Condicionador de cabelos: *hair conditioner*
Cortador de unha: *nail clipper*
Cotonete: *cotton swab/Q-tip (EUA); cotton bud (Ingl.)*
Creme de barbear: *shaving cream; shaving foam*
Curativo adesivo: *band-aid*
Desodorante em bastão: *stick/roll on deodorant*
Escova de cabelos: *hairbrush*

Escova de dente: *toothbrush*
Esmalte: *nail polish*
Espuma de barbear: *shaving foam*
Estojo de primeiros socorros: *first-aid kit*
Fio dental: *dental floss*
Gaze: *gauze*
Grampo de cabelo: *hairpin*
Lâmina de barbear: *razor blade*
Lenço de papel: *tissue; Kleenex*
Lixa de unha: *nail file*
Loção pós-barba: *aftershave*
Mercúrio: *mercury*
Modess ®: *sanitary pad; maxi pad; sanitary napkin (EUA); sanitary towel (Ingl.); tampon; Tampax ® (em formato de tubo); maxi pad*
Papel higiênico: *toilet paper*
Pasta de dente: *toothpaste*
Pente: *comb*
Pincel de barba: *shaving brush*
Pomada: *ointment*
Preservativo: *condom; rubber (informal)*
Protetor solar: *sunscreen; sunblock*
Remédio para dor de ouvido: *ear drops*
Rímel: *mascara*
Sabonete: *soap*
Seringa: *syringe*
Supositório: *suppository*
Talco: *talc; talcum powder*
Tesoura: *scissors*
Tilenol: *Tylenol*
Xampu: *shampoo*
Xarope: *syrup*

Saúde & Emergências

CAPÍTULO 7 / CHAPTER 7

🎧 **Dialogue: A medical appointment**

Doctor: Come on in, please.
Patient: Thanks! (sound of door closing...)
Doctor: What seems to be the problem?
Patient: Well, I've had this rash on my arm for two days now.
Doctor: Let me see it.
Patient: Sure!
Doctor: Umh, Are you allergic to any medications?
Patient: Well, not that I know of.
Doctor: Ok. I'm going to give you a prescription for some cream. You should apply it twice a day. Avoid scratching your skin in the next few days. You should be fine soon.
Patient: Thanks Doc!

Veja a tradução desse diálogo na p. 138.

Uma consulta médica
🔊 *A medical appointment*

Onde dói?
Where does it hurt?
Veja *Glossário Temático: Corpo humano & Sintomas*, p. 129.
Dói aqui?
Does it hurt here?
Você consegue mexer seu braço/perna assim?
Can you move your arm/leg like this?
Respire fundo.
Breathe deeply.
Inspire e expire.
Breathe in and breathe out.
Você tem tido dificuldade para dormir?
Have you had trouble sleeping?
Há quanto tempo você se sente assim?
How long have you been feeling like this?
Você já se sentiu assim antes?
Have you felt like this before?
Você está tomando algum remédio?
Are you taking any medication?
Você é alérgico a alguma coisa?
Are you allergic to anything?
Você fez sexo sem proteção?
Have you had unprotected sex?
Quando foi sua última menstruação?
When did you last have your period?
Vamos tirar um raio X do seu joelho/pulmões/etc.
Let's get an X-ray of your knee/lungs/etc.
Vamos tirar sua pressão/temperatura.
Let's take your blood pressure/temperature.
Parece que você torceu o tornozelo.
It seems you have twisted/sprained your ankle.
Vamos ter que engessar seu braço/pé/perna.
We'll need to put your arm/foot/leg in a cast.
Preciso te dar uma injeção.
I need to give you a shot.

Vou precisar te dar alguns pontos.
I'll need to give you some stitches.

Precisamos fazer exame de sangue.
We need you to take a blood test.

Vou receitar um remédio para você.
I'll prescribe some medicine for you.

Tome dois comprimidos a cada seis horas.
Take two pills every six hours.

Você deve descansar por dois dias.
You should rest for two days.

Você deve se sentir melhor em alguns dias.
You should feel better in a few days.

Dizendo ao médico como você se sente
Telling the doctor how you feel

Não estou me sentindo muito bem.
I'm not feeling very well.

Estou me sentindo tonto.
I'm feeling dizzy.

Acho que vou desmaiar.
I think I'm going to faint.

Não consigo respirar direito.
I can't breathe properly.

Sinto vontade de vomitar.
I feel like throwing up.

Estou com o corpo inteiro doendo.
I ache all over.

Estou com dor na perna/no braço/no peito.
I have a pain in my leg/arm/chest.

Meu/minha .... está doendo.
My .... hurts.

Veja *Glossário Temático: Corpo humano & Sintomas*, p. 129.

Estou com torcicolo.
I have a stiff neck.

Notei um caroço aqui.
I've noticed a lump here.

Estou me sentindo muito fraco.
I'm feeling very weak.

Não consigo mexer meu/minha ....
I can't move my ....

Veja Glossário Temático: *Corpo humano & Sintomas*, p. 129.

Queimei minha mão.
I've burned my hand.

Meu/Minha .... está inchado(a).
My .... is swollen.

Meu pulso está dolorido.
My wrist is sore.

Estou com gripe.
I have the flu.*

Estou com um resfriado forte.
I have a bad cold.

Estou com dor de cabeça.
I have a headache.

Estou com dor de garganta.
I have a sore throat.

Estou tossindo muito.
I have a bad cough.

Estou com febre.
I have a temperature/fever.

Estou espirrando muito.
I'm sneezing a lot.

Estou com coriza.
I have a runny nose.

Meu nariz está sangrando.
My nose is bleeding.

Estou com dor de estômago.
I have a stomachache.

Estou com dor nas costas.
I have a backache.

Estou com dor de dente.
I have a toothache.

---

* Abreviação de *influenza* gripe.

Estou com dor de ouvido.
I have an earache.

Meu nariz está entupido.
My nose is stuffed up.

Estou com azia.
I have heartburn.

Estou grávida.
I'm pregnant.

Não fico menstruada há .... dias.
I haven't had my period for ...... days.

Sou diabético(a).
I'm diabetic.

Estou suando muito.
I'm sweating a lot.

Sou alérgico a ....
I'm allergic to ....

Preciso de receita médica para comprar este remédio?
Do I need a prescription to buy that medicine?

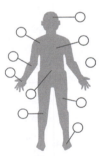

Alergia: *allergy; rash*
Amígdalas: *tonsils*
Amigdalite: *tonsillitis*
Apêndice: *appendix*
Apendicite: *appendicitis*
Artéria: *artery*
Artrite: *arthritis*
Asma: *asthma*

Ataque epiléptico: *epileptic seizure*
Baço: *spleen*
Barriga: *stomach, belly*
Bexiga: *bladder*
Boca: *mouth*
Bochecha: *cheek*
Bolha: *blister*
Braço: *arm*

Bronquite: *bronchitis*
Cabeça: *head*
Cabelo: *hair*
Cãibra: *cramp*
Calcanhar: *heel*
Cardiologista: *cardiologist*
Catapora: *chicken pox*
Checkup annual: *annual checkup*
Cílios: *eyelashes*
Cintura: *waist*
Cirurgião: *surgeon*
Clínico geral: *general practitioner (GP)*
Cólicas estomacais: *stomack cramps*
Cólicas menstruais: *period pains*
Coluna vertebral: *backbone; spinal column*
Convulsão: *seizure*
Coração: *heart*
Costas: *back*
Costela: *rib*
Cotovelo: *elbow*
Coxa: *thigh*
Dedo anular: *ring finger*
Dedo indicador: *index finger*
Dedo médio: *middle finger*
Dedo mínimo; mindinho: *little finger; pinkie*
Dedos da mão: *fingers*
Dedos do pé: *toes*
Dentes: *teeth*
Derrame: *stroke*
Diabete: *diabetes*
Diarréia: *diarrhea*
Efeito collateral: *side effect*
Enfarte: *heart attack*
Enjôo: *sickness, nausea*
Enxaqueca: *migraine*

Erupção cutânea; alergia: *rash*
Fígado: *liver*
Fratura: *fracture*
Garganta: *throat*
Gengiva: *gum*
Ginecologista: *gynecologist*
Hematoma: *bruise*
Hemorróida: *hemorrhoids*
Hérnia: *hernia*
Inchaço: *swelling*
Indigestão: *indigestion*
Infecção: *infection*
Injeção: *shot*
Insônia: *insomnia*
Insulina: *insulin*
Joelho: *knee*
Lábios: *lips*
Laringite: *lariyngitis*
Língua: *tongue*
Machucado: *bruise*
Manchas: *spots*
Mão: *hand*
Maxilar: *jaw*
Músculo: *muscle*
Nádegas: *buttocks*
Nariz: *nose*
Náusea: *sickness; nausea*
Neurologista: *neurologist*
Oftalmologista: *ophthalmologist*
Olhos: *eyes*
Ombro: *shoulder*
Orelhas: *ears*
Órgãos: *organs*
Ortopedista: *orthopedist*
Otorrinolaringologista: *ear, nose and throat specialist/doctor*
Pálpebra: *eyelid*

Pediatra: *pediatrician*
Peito: *chest*
Pé: *foot*
Pênis: *penis*
Perna: *leg*
Pés: *feet*
Pescoço: *neck*
Picada de inseto: *sting*
Pneumonia: *pneumonia*
Polegar: *thumb*
Pomada: *ointment; cream*
Pressão sanguínea: *blood pressure*
Prisão de ventre: *constipation*
Pronto-socorro: *emergency room; ER*
Pulmões: *lungs*
Pulso: *wrist*
Quadril: *hip*
Queimadura: *burn*
Queixo: *chin*
Reumatismo: *rheumatism*

Rins: *kidneys*
Rubéola: *German measles*
Sangramento: *bleeding*
Sangrar: *to bleed/bled/bled*
Sarampo: *measles*
Seio: *breast*
Sinusite: *sinus trouble*
Sobrancelha: *eyebrow*
Sutura: *suture*
Suturar: *to suture*
Testa: *forehead*
Tontura: *dizziness*
Tornozelo: *ankle*
Úlcera: *ulcer*
Unha: *nail*
Vagina: *vagina*
Varíola: *smallpox*
Veia: *vein*
Vertigem: *dizziness*

Uma consulta dentária
A dental appointment

Estou com dor de dente.
I have a toothache.

Acho que tenho uma cárie.
I think I have a cavity.

Estou com um dente quebrado.
I have a broken tooth.

Perdi uma obturação.
I've lost a filling.

Meus dentes estão muito sensíveis.
My teeth are very sensitive.

Minhas gengivas estão doendo.
My gums hurt.

Anestesia: *anesthesia*
Antisséptico bucal: *mouthwash*
Arrancar um dente: *to pull out a tooth; extract a tooth; get/have a tooth pulled*
Bochechar: *to rinse out one's mouth*
Broca de dentista: *drill*
Canal: *root canal*
Cárie: *cavity, tooth decay*
Coroa: *crown*
Dentadura: *false teeth, dentures*
Dente: *tooth (pl. teeth)*
Dente de leite: *milk tooth; baby tooth*
Dente do siso: *wisdom tooth*
Escova de dente: *toothbrush*
Escovar: *to brush/brushed/brushed*
Extrair um dente: *to pull out a tooth; to extract a tooth; get/have a tooth pulled*
Fio dental: *dental floss*
Gargarejar: *to gargle/gargled/gargled*
Gargarejo: *gargle*
Hora marcada no dentista: *dental appointment*
Obturar um dente: *to fill a tooth*
Obturação: *filling*
Passar fio dental: *to floss/flossed/flossed*
Pasta de dente: *toothpaste*
Ponte: *bridge*

Emergências: Frases úteis
Emergencies: Useful phrases

Você sabe me dizer onde fica a delegacia de polícia mais próxima?
Can you tell me where the nearest police station is?
Queria fazer um boletim de ocorrência.
I'd like to file a police report.
Queria registrar um roubo.
I want to report a theft.
Roubaram meu passaporte.
My passport has been stolen.
Meu cartão de crédito foi roubado.
My credit card has been stolen.

Minha carteira/bolsa/bagagem foi roubada.
My wallet/purse/luggage has been stolen.

Perdi meus cheques de viagem.
I've lost my traveler's checks.

Gostaria de contatar o Consulado.
I'd like to contact the Consulate.

Alguém arroumbou nosso carro.
Someone has broken into our car.

Roubaram minha máquina fotográfica.
My camera has been stolen.

Houve um acidente.
There has been an accident.

Você poderia por favor chamar uma ambulância?
Could you please call an ambulance?

Preciso fazer um telefonema.
I need to make a phone call.

GLOSSÁRIO TEMÁTICO: EMERGÊNCIAS
THEME GLOSSARY: EMERGENCIES

Achados e perdidos: *lost and found*
Acidente: *accident*
Ambulância: *ambulance*
Assaltar (um lugar ou pessoa): *to rob/robbed/robbed*
Assaltar (pessoas): *to mug/mugged/mugged*
Assaltante: *robber; mugger (de pessoas)*
Batedor de carteiras; "trombadinha": *pickpocket*
Batida (automóveis): *crash*
Boletim de ocorrência: *police report*
Colidir; bater: *to crash/crashed/crashed*
Corpo de bombeiros: *fire department*
Danificar: *to damage/damaged/damaged*
Dano; prejuízo: *damage*

Delegacia de polícia: *police station*
Ferido: *injured*
Furto: *theft*
Incêndio: *fire*
Inundação: *flood*
Kit de primeiros socorros: *first-aid kit*
Ladrão: *thief*
Machucar: *to hurt/hurt/hurt*
Perder: *to lose/lost/lost*
Pertences: *belongings*
Policial: *policeman*
Pronto-socorro: *emergency room*
Rebocar: *to tow/towed/towed*
Resgate: *rescue*
Roubar (algum pretence, objeto): *to steal/stole/stolen*
Roubar (um lugar, uma pessoa): *to rob/robbed/robbed*
Roubo: *robbery*

Diálogos Traduzidos

Diálogo: Como está o tempo hoje?

Turista: Como está o tempo hoje?
Recepção: Bom, estava meio nublado hoje cedo, mas o sol está saindo agora.
Turista: Está quente o suficiente para nadar?
Recepção: Acho que sim, sr. Mas mesmo se não estiver, uma de nossas piscinas é aquecida, o sr. poderá com certeza usá-la.
Turista: Ah, é bom saber disso. Obrigado!

Diálogo: O sr. pode soletrar por favor?

Recepção: Qual é o seu sobrenome, sr.?
Turista: Albuquerque
Recepção: O sr. pode soletrar, por favor?
Turista: Claro! A - L - B - U - Q - U - E - R - Q - U - E.
Recepção: Albuquerque, certo! O sr. pode assinar aqui, por favor?
Turista: O.k.
Recepção: Muito bom sr. O sr. está no quarto 503. Aqui está sua chave.
Turista: Muito obrigado.
Recepção: Não há de que!

Diálogo: Fazendo o check-in no aeroporto

Vôo 5105 para Miami, embarque no portão 31...

Atendente de check-in: Bom dia, sr. Posso ver seu passaporte e passagem, por favor?
Turista: Claro! Aqui está.
Atendente de check-in: Obrigado, sr. O sr. pode por favor colocar sua mala na balança?
Turista: O.k.!
Atendente de check-in: Muito bom, sr. Aqui está o seu cartão de embarque. O embarque tem início às 7 horas. O sr. vai embarcar no portão 23.
Turista: Obrigado!
Atendente de check-in: Não há de que sr.! Tenha um bom vôo.

Diálogo: Alugando um carro

Atendente da locadora: Bom dia, sr. Em que posso ajudá-lo?
Turista: Oi! Precisamos alugar um carro por uma semana.
Atendente da locadora: Claro, sr. Que tipo de carro o sr. tem em mente?
Turista: Bom, precisamos de um carro com porta-malas grande. Temos quatro malas.
Atendente da locadora: Entendo. Deixe-me checar no nosso sistema o que temos disponível.
Turista: O.k.! Obrigado! A propósito, gostaríamos de ter cobertura completa, por favor.
Atendente da locadora: Muito bom, sr.

Diálogo: Problemas com o ar condicionado

Recepção: Recepção, Albert falando. Em que posso servir?
Turista: Oi. Umh. Parece que temos um problema com o ar condicionado. Acho que não está funcionando direito.
Recepção: Não se preocupe sr. Vou mandar alguém checar imediatamente.
Turista: A propósito, você poderia também mandar uma toalha extra?

Recepção: Claro, sr. Vou pedir para um dos nossos funcionários da governança levar mais algumas toalhas ao seu quarto.
Turista: Muito obrigado!
Recepção: Não há de quê, sr.!

Diálogo: Pedindo indicação de caminho

Turista: Desculpe. Você sabe se tem uma farmácia aqui perto?
Transeunte: Tem uma a dois quarteirões daqui. Não tem como errar.
Turista: Obrigado! Também preciso sacar algum dinheiro. Você sabe onde fica o banco mais próximo?
Transeunte: Tem um caixa eletrônico na farmácia que te falei. Você pode sacar dinheiro lá.
Turista: Ah, perfeito! Muito obrigado pela sua ajuda!
Transeunte: Não há de que!

Diálogo: Procurando um lugar para comer

Turista: Com licença. Você pode recomendar um bom restaurante aqui perto?
Recepção: Claro, sra. Que tipo de comida a sra. tem em mente?
Turista: Talvez massa e salada, e hambúrguer e batata frita para as crianças.
Recepção: Bom, neste caso eu aconselharia a sra. ir à praça de alimentação do *shopping* Bayside, que fica bem perto.
Turista: Acho que seria bom. Você pode nos dizer como chegar lá?
Recepção: Claro. Vou mostrar no mapa.

Diálogo: Na lanchonete

Garçonete: O que posso trazer para vocês?
Turista 1: Eu queria um hambúrguer com queijo e batatas fritas.
Turista 2: Eu quero um sanduíche de atum e uma salada de alface, por favor.
Garçonete: O.k. E bebidas?
Turista 1: Vocês têm suco de laranja feito na hora?

Garçonete: Temos. Quer um?
Turista 1: Sim, por favor.
Turista 2: Eu quero uma coca normal, por favor.
Garçonete: O.k.! Eu volto já com as bebidas.

Diálogo: Que lugares devemos visitar?

Turista: Oi. Gostaria de fazer um passeio. Você pode recomendar alguns lugares?
Recepção: Claro, sra. Há muito para se ver na cidade. Você já visitou algum lugar?
Turista: Ainda não. Cheguei ontem à noite.
Recepção: O.k.! Deixe-me mostrar alguns lugares aqui no mapa. Você gosta de parques e museus?

Diálogo: Na loja de calçados

Balconista: Posso ajudar?
Turista: Estou procurando tênis. Você tem alguma coisa em liquidação?
Balconista: Alguns dos nossos tênis estão com 30% de desconto. Deixe-me mostrar para o sr. Por aqui, por favor.
Turista: Você tem estes na cor preta?
Balconista: Acho que sim. Que tamanho você usa?
Turista: Dez e meio ou onze. Depende do tênis.
Balconista: O.k.! Aqui tem um número onze. Por que você não os experimenta?
Turista: Claro. Obrigado!

Diálogo: Uma consulta médica

Médico: Vamos entrando, por favor.
Paciente: Obrigado!
Médico: Qual é o problema?
Paciente: Bom, eu estou com esta alergia no braço há dois dias.
Médico: Deixe-me ver.
Paciente: Claro!
Médico: Umh. Você é alérgico a alguma medicação?

Paciente: Não que eu saiba.
Médico: O.k. Vou te receitar um creme. Você deve passar duas vezes ao dia. Evite coçar a pele nos próximos dias. Você deverá ficar bem logo.
Paciente: Obrigado doutor!

Glossário Português-Inglês

A

Aberto(a)/(os)/(as): *open*
Abridor de garrafas: *bottle opener*
Abridor de latas: *can opener*
Abril: *April*
Abrir: *to open/opened/opened*
Acampamento: *camp*
Acampar: *go camping*
Achados e perdidos: *lost and found*
Achar; encontrar: *to find/found/found*
ACM (abreviação de Associação Cristã de Moços): *YMCA (abreviação de Young Men's Christian Association)*
Acontecer: *to happen/happened/happened*
Acordar; despertar: *to wake up/woke up/woken up*
Acostamento: *shoulder (EUA); hard shoulder (Ingl.)*
Aeromoça: *stewardess*
Aeroporto: *airport*
Agência de viagem: *travel agency*
Agente de viagens: *travel agent*
Agência dos correios: *post office*
Agora: *now*
Agosto: *August*
Agradável; agradáveis: *pleasant*
Água com gás: *sparkling water*
Água mineral: *mineral water*
Água potável: *drinking water*
Ajuda: *help*
Ajudante de garçom; cumin: *busboy*
Ajudar: *to help/helped/helped*
Alarme de incêndio: *fire alarm*
Albergue da juventude: *youth hostel*
Alfândega: *customs*
Almoço: *lunch*
Alto(a)/(os)/(as) (pessoas): *tall*
Alto(a)/(os)/(as) (coisas): *high*
Alto(a)/(os)/(as) (sons): *loud*
Alugar: *to rent/rented/rented*
Amarelo (a)/(os)/(as): *yellow*
Anfitrião: *host*
Anfitriã: *hostess*
Antiguidades: *antiques*

Antiquário: *antique shop*
Apertado(a)/(os)/(as) (roupas): *tight*
Apólice de seguro: *insurance policy*
Aposentado(a): *retiree*
Apresentar (uma pessoa para outra): *to introduce/introduced/ introduced*
Aquecedor: *heater*
Aquecimento: *heating*
Aquecimento central: *central heating*
Ar condicionado: *air conditioning*
Ar condicionado (aparelho): *air conditioner*
Área para fumantes: *smoking area*
Área para não fumantes: *no(n)-smoking area*
Armário; guarda-volume (em estações de trem, hotéis, aeroportos etc.): *locker*
Artesanato: *handicraft(s)*
Assinar: *to sign/signed/signed*
Assinatura: *signature*
Atraso: *delay*
Atrasado(a)/(os)/(as): *late*
Aumentar (ar-condicionado, som): *to turn up/turned up/turned up*
Azedo(a)/(os)/(as): *sour*
Azul: *blue*

B

Bagagem: *luggage; baggage*
Bagagem de mão: *carry-on luggage; hand luggage*
Baixo (sons, coisas): *low*
Baixo(a)/(os)/(as) (estatura): *short*
Balcão de companhia aérea: *airline counter*
Balcão de informações: *information desk*
Baldeação: *connection*
Balsa: *ferry; ferryboat*
Banca de jornal: *newsstand*
Banco: *bank*
Bandeja: *tray*
Banheira: *bathtub*
Banheiro: *bathroom; toilet; restroom (em restaurante, aeroporto, cinema etc)*
Banho: *bath*
Bar: *pub; bar*
Barata: *cockroach*
Barato(a)/(os)/(as): *cheap*
Barba: *beard*
Barbeador: *razor*
Barbeador elétrico: *electric shaver*
Barbear-se: *to shave/shaved/shaved*
Barco: *boat*
Barraca: *tent*
Barulhento (a)/(os)/(as): *noisy*
Bateria (pilha): *battery*
Batom: *lipstick*
Beber: *to drink/drank/drunk*
Bebida: *drink*
Beliche: *bunk (bed)*
Bem-vindo a..: *welcome to...*
Biblioteca: *library*
Bicicleta: *bicycle*
Bigode: *moustache*
Bilhar: *billiards*
Bilheteria (estação de ônibus, trem): *ticket office*
Bilheteria (cinema, teatro): *box office; ticket office*

Binóculos: *binoculars*
Boa sorte: *good luck*
Boate: *night club*
Boca: *mouth*
Bolsa: *bag*
Bolsa de mão: *handbag*
Bolsa de água quente: *water bottle*
Bom apetite!: *enjoy your meal!*
Bomba de gasolina: *pump*
Bombeiros: *fire brigade; firemen*
Boné: *cap*
Bonito(a)/(os)/(as): *beautiful*
Bordado: *embroidery*
Bosque: *woods*
Botão: *button*
Bote salva-vidas: *lifeboat*
Branco (a)/(os)/(as): *white*
Brincos: *earrings*
Brinquedo: *toy*
Bronzeado: *tan*
Bronzear: *to sunbathe/sunbathed/ sunbathed*
Brunch: *brunch, café-da-manhã tardio e reforçado e que normalmente inclui pratos tanto do café-da-manhã quanto do almoço.*
Veja mais informações na p. 72.
Buscar (pegar alguém em algum lugar): *to pick up/picked up/picked up*
Bússola: *compass*

C

Cabide: *hanger*
Cabine do comandante: *cockpit*
Cachoeira: *waterfall*
Cadeira: *chair*
Cadeira de rodas: *wheelchair*

Café-da-manhã: *breakfast*
Caixa (pessoa): *checkout attendant; cashier; teller (em banco)*
Caixa eletrônico de banco: *ATM (abreviação de Automated Teller Machine) (EUA); cash machine (Ingl.); Cashpoint® (Ingl.)*
Calçada: *sidewalk (EUA); pavement (Ingl.)*
Calefação central: *central heating*
Cama: *bed*
Cama king-size (de tamanho maior do que o padrão): *king-size bed*
Camareira: *chambermaid*
Camping: *campground (EUA); campsite (Ingl.)*
Caneca: *mug*
Cardápio: *menu*
Caro(a)/(os)/(as): *expensive*
Carregador de bagagem (hotéis): *porter; bellboy; bellhop*
Carro de aluguel: *rental car*
Cartão de crédito: *credit card*
Cartão de embarque: *boarding-pass*
Cartão-postal: *post card*
Carteira: *wallet*
Carteira de motorista: *driver's license*
Carteiro: *mailman (EUA); postman (Ingl.)*
Casado(a): *married*
Cassino: *casino*
Castelo: *castle*
Catedral: *cathedral*
Católico(a)/(os)/(as): *catholic*
Cavalo: *horse*
Caverna: *cave*
Cedo: *early*
Cemitério: *cemetery; graveyard*

GLOSSÁRIO PORTUGUÊS / INGLÊS

Centro financeiro: *financial district*
Cerâmica: *ceramics*
Certificado: *certificate*
Chafariz: *fountain*
Chamada a cobrar: *collect call*
Chamada telefônica local: *local call*
Chamada telefônica longa-distância: *long-distance call*
Chão: *ground*
Chapéu: *hat*
Charuto: *cigar*
Chave: *key*
Chegada: *arrival*
Chegar: *to arrive/arrived/arrived*
Cheio(a)/(os)/(as): *full*
Cheque: *check*
Chover: *to rain/rained/rained*
Churrascaria: *steakhouse*
Churrasco: *barbecue; BBQ (abreviação)*
Chuveiro: *shower*
Ciclovia: *bike lane*
Cidade velha: *old town*
Cinto: *belt*
Cinto de segurança: *seat belt*
Cinzeiro: *ashtray*
Cinzento: *grey*
Classe: *class*
Classe executiva: *business class*
Classe econômica: *economy class*
Cobertor: *blanket*
Código: *code*
Código postal: *zip code (EUA); postcode (Ingl.)*
Cofre: *safe; safety deposit box*
Colar: *necklace*
Colchão: *mattress*
Colchão de dormir: *sleeping bag*
Colete salva-vidas: *life jacket; life vest*
Colher: *spoon*
Com: *with*
Com antecedência: *in advance*
Com licença: *excuse me*
Combustível: *fuel*
Começar: *to start/started/started; to begin/began/begun*
Comer: *to eat/ate/eaten*
Comida: *food*
Comissão: *commission*
Comissário(a) de bordo: *flight attendant*
Companhia; empresa: *company*
Companhia aérea: *airline (company)*
Compartimento: *compartment*
Comprar: *to buy/bought/bought*
Comprido(a)/(os)/(as): *long*
Comprimento: *length*
Comprimido: *pill*
Compromisso (hora marcada): *appointment*
Comprovante de pagamento de estadia, etc.: *voucher*
Concerto: *concert*
Condicionador: *conditioner*
Confirmar: *to confirm/confirmed/confirmed*
Confortável; confortáveis: *comfortable*
Congelador: *freezer*
Conhecido(a)/(os)/(as) (famoso): *popular*
Consertar: *to fix/fixed/fixed; to repair/repaired/repaired*
Conserto: *repair*

Consulado: *consulate*
Conta (restaurantes): *check (EUA); bill (Ingl.)*
Contra: *against*
Convite: *invitation*
Cópia: *copy*
Copo: *glass*
Cor: *color*
Correio: *post office*
Corretor de imóveis: *real estate agent*
Corrida: *race*
Cortar: *to cut/cut/cut*
Corte: *cut*
Corte de cabelo: *haircut*
Cortinas: *curtains*
Costa (litoral): *coast*
Couro: *leather*
Cozinhar: *to cook/cooked/cooked*
Cozinheiro(a): *cook*
Crédito: *credit*
Criança: *child*
Cristal: *crystal*
Cruz: *cross*
Cruzeiro: *cruise*
Cumin; ajudante de garçom: *busboy*
Curto(a)/(os)/(as): *short*
Custar: *to cost/cost/cost*
Custo adicional: *extra charge*

D

Dança: *dance*
Dançar: *to dance/danced/danced*
Danificado: *damaged*
Danificar: *to damage/damaged/damaged*
Dar: *to give/gave/given*
Dar descarga: *to flush/flushed/flushed*
Data: *date*
Data de nascimento: *Date of birth; Dob (abreviação)*
De segunda mão: *second hand*
Declarar: *to declare/declared/declared*
Decolar: *to take off/took off/taken off*
Decolagem: *take-off*
Deficiente físico: *disabled; handicapped*
Delegacia de polícia: *police station*
Delicioso(a)/(os)/(as): *delicious*
Demais: *too much*
Depressa: *quickly; fast*
Dentro: *inside; in*
Depois: *after*
Depósito: *deposit*
Desagradável; desagradáveis: *unpleasant*
Descansar: *to rest/rested/rested; to relax/relaxed/relaxed*
Descer do ônibus, do trem etc.: *to get off/got off/gotten off*
Descongelar: *to defrost/defrosted/defrosted*
Descontar (cheques): *to cash/cashed/cashed*
Desconto: *discount*
Desculpas: *apologies*
Desligar: *to turn off/turned off/turned off (luz; TV, rádio, ar-condicionado etc.)*
Desmaiar: *to faint/fainted/fainted*
Despachar as malas: *check the bags*
Despertador: *alarm clock*
Destino: *destination*
Detalhes: *details*
Devagar: *slowly*

Dever (dinheiro a alguém): *to owe/owed/owed*
Dezembro: *December*
Diamante: *diamond*
Diária de hotel: *daily rate*
Diariamente: *daily*
Dias úteis: *weekdays*
Diesel: *diesel*
Dieta: *diet*
Difícil; difíceis: *difficult*
Diminuir, abaixar (ar condicionado, som): *to turn down/turned down/turned down*
Dinheiro: *money*
Direção: *direction*
Direita: *right*
Direto: *direct*
Dirigir: *to drive/drove/driven*
Disponibilidade: *availability*
Disponível: *available*
Divertido(a)/(os)/(as): *fun*
Divertir-se: *to have fun; to enjoy yourself; to have a good time*
Dividir (um quarto etc.): *to share/shared/shared*
Divorciado(a)/(os)/(as): *divorced*
Dizer: *to say/said/said*
Doce: *sweet*
Dono(a): *owner*
Dormir: *to sleep/slept/slept*
Dublado(a); (os); (as): *dubbed*
Durar: *to last/lasted/lasted*
Ducha: *shower*
Duro(a)/(os)/(as): *hard*

E

Elevador: *elevator (EUA); lift (Ingl.)*
Embaixada: *embassy*
Embaixador: *ambassador*
Embarcar: *to board/boarded/boarded*
Embarque: *boarding*
Emergência: *emergency*
Empresa: *company*
Emprestar: *to lend/lent/lent*
Encanador: *plumber*
Encontrar (pessoas); conhecer alguém pela primeira vez: *to meet/met/met*
Endereço: *address*
Endereço de e-mail: *e-mail address*
Enfermeira: *nurse*
Engarrafamento (trânsito): *traffic jam*
Engraçado(a)/(os)/(as): *funny*
Engraxate: *shoeshine boy/man*
Ensolarado(a)/(os)/(as): *sunny*
Entender: *to understand/understood/understood*
Entrada (ingresso; bilhete): *ticket*
Entrada (de um prédio, de uma casa): *entrance*
Entrar: *to enter/entered/entered*
Entrega: *delivery*
Entregar: *to deliver/delivered/delivered*
Entupido(a)/(os)/(as): *clogged; blocked*
Envelope: *envelope*
Enviar: *to send/sent/sent*
Enxaqueca: *migraine*
Equipamento: *equipment*
Equipe: *team*
Errado(a)/(os)/(as): *wrong*
Engano (telefonemas): *wrong number*

Erro: *mistake*
Escada: *stairs*
Escada rolante: *escalator*
Escada de emergência (do lado de fora do prédio): *fire escape*
Escolher: *to choose/chose/chosen*
Escorregadio(a)/(os)/(as): *slippery*
Escova: *brush*
Escova de cabelo: *hair brush*
Escova de dente: *toothbrush*
Escrever: *to write/wrote/written*
Escritório: *office*
Escuro(a)/(os)/(as): *dark*
Esgotado (ingressos): *sold-out*
Esgotado (mercadoria): *out of stock*
Esmalte: *nail polish*
Espelho: *mirror*
Esperar: *to wait/waited/waited*
Espetáculo: *show*
Esponja: *sponge*
Esporte: *sport*
Espreguiçadeira: *deck chair*
Esquerda: *left*
Esqui (objeto): *ski*
Esqui (esporte): *skiing*
Esqui aquático: *waterskiing*
Esquiar: *to ski; to go skiing*
Esquina: *corner*
Estação de esqui: *ski resort*
Estação de metrô: *subway station (EUA); underground station (Ingl.)*
Estação ferroviária: *train station*
Estação rodoviária: *bus station*
Estacionamento: *parking lot (EUA); car park (Ingl.)*
Estacionar: *to park/parked/parked*
Estadia: *stay*

Estádio: *stadium*
Estátua: *statue*
Estepe (pneu sobressalente): *spare tire*
Estrada: *road; highway; freeway (EUA); motorway (Ingl.)*
Estranho(a)/(os)/(as): *strange*
Estreito(a)/(os)/(as): *narrow*
Estudante: *student*
Estudar: *to study/studied/studied*
Excursão: *excursion*
Extintor de incêndio: *fire extinguisher*

F

Faca: *knife*
Fácil; fáceis: *easy*
Faixa de pedestre: *crosswalk (EUA); zebra/pedestrian crossing (Ingl.)*
Falar: *to speak/spoke/spoken*
Faltando: *missing*
Famoso(a)/(os)/(as): *famous*
Farmácia: *drugstore (EUA); chemist's (Ingl.)*
Faxineira: *cleaner*
Fazer a barba: *to shave/shaved/shaved*
Fazer as malas: *to pack/packed/packed*
Fazer compras: *to go shopping*
Fazer o check-in no aeroporto: *check in at the airport*
Fazer o check-in no hotel: *check in at the hotel*
Fazer o check-out (hotel): *check out*
Fazer um cheque; preencher um cheque: *make out a check*
Fazer uma transferência eletrônica; fazer um doc: *make a wire transfer*
Falta de energia: *power failure*

Fechado(a)/(os)/(as): *closed*
Fechadura: *lock*
Fechar: *to close/closed/closed*
Feio(a)/(os)/(as): *ugly*
Feliz aniversário: *Happy Birthday*
Feliz ano-novo: *Happy New Year*
Feliz natal: *Merry Christmas*
Feriado: *holiday*
Férias: *vacation (EUA); holidays (Ingl.)*
Ferimento: *injury; wound*
Ferro de passar roupa: *iron; flatiron*
Ferrovia: *railroad (EUA); railway (Ingl.)*
Fervido: *boiled*
Festa: *party*
Fevereiro: *February*
Ficar: *to stay/stayed/stayed*
Ficha; formulário: *form*
Flash (máquina fotográfica): *flash*
Flor: *flower*
Floresta: *forest*
Fogo: *fire*
Fogão: *stove*
Folheto: *brochure*
Fonte: *fountain*
Formulário: *form*
Forno: *oven*
Forno de microondas: *microwave oven*
Forte; fortes: *strong*
Fósforos: *matches*
Fotografia: *photo; picture*
Fotografar: *take a photo; take a picture*
Fotógrafo(a): *photographer*
Frauda: *diaper (EUA); nappy (Ingl)*
Fresco(a)/(os)/(as): *fresh*
Frigobar: *minibar*
Frio: *cold*
Fronha: *pillowcase*
Fruta: *fruit*
Frutos do mar: *seafood*
Fumar: *to smoke/smoked/smoked*
Funcionar: *to work/worked/worked*
Fundo(a)/(os)/(as): *deep*

G

Galeria de arte: *art gallery*
Garçom: *waiter*
Garçonete: *waitress*
Garfo: *fork*
Garganta: *throat*
Garrafa: *bottle*
Gasolina: *gas (EUA); petrol (Ingl.)*
Gasolina sem chumbo: *unleaded gas (EUA); unleaded petrol (Ingl.)*
Gastar (dinheiro): *to spend/spent/spent*
Geada: *frost*
Geladeira: *refrigerator (EUA); fridge (Ingl.)*
Gelo: *ice*
Gente: *people*
Gentil: *kind*
Gerente: *manager*
Gorjeta: *tip; gratuity*
Gostar: *to like/liked/liked; to enjoy/enjoyed/enjoyed*
Governança: *housekeeping*
GPS (abreviação de Global Positioning System): *aparelho de localização via satélite, que informa o motorista como chegar a um destino. Acessório cada vez mais comum em automóveis de aluguel*

Grama: *grass*
Gramado: *lawn*
Gramas (medida de peso): *grams*
Grande: big; *large*
Gratuito(a); (os); (as): *free; free of charge*
Graus: *degrees*
Grave; graves: *serious*
Grávida: *pregnant*
Graxa (para sapatos): *shoe polish*
Grelhado(a)/(os)/(as): *grilled*
Grosso(a)/(os)/(as): *thick*
Grupo: *group*
Guarda-chuva: *umbrella*
Guardanapo: *napkin*
Guardanapo de papel: *paper napkin*
Guarda-volume (em estações de trem, hotéis, aeroportos etc.): *locker*
Guia: *guide*
Guinchar; rebocar: *to tow/towed/ towed*
Guincho (veículo): *tow truck*

H

Hall de entrada: *hall; foyer*
Hematoma: *bruise*
Hidromassagem: *jacuzzi*
Hipódromo: *racetrack (EUA); racecourse (Ingl.)*
Hoje: *today*
Hora: *hour*
Hora do rush: *rush hour*
Horário (de ônibus, trens): *schedule (EUA); timetable (Ingl.)*
Horário comercial: *business hours*
Horário de visita: *visiting hours*

Horrível; horríveis: *awful; terrible*
Hospedar alguém: *put someone up*
Hóspede: *guest*
Hospital: *hospital*
Hotel: *hotel*
Hotel cinco estrelas: *five-star hotel*

I

Iate: *yacht*
Idade: *age*
Idosos: *senior citizens*
Igreja: *church*
Ilegal; ilegais: *illegal*
Ilha: *island*
Imposto: *tax*
Incluso(a)/(os)/(as): *included*
Incluir: *to include/included/included*
Incomodar: *to bother/bothered/bothered ; to disturb/disturbed/disturbed*
Indicar: *to direct/directed/directed*
Indigestão: *indigestion*
Infecção: *infection*
Infelizmente: *unfortunately*
Inferior: *lower*
Informações: *information*
Infração de trânsito: *traffic violation*
Ingresso: *ticket*
Inseto: *insect*
Insônia: *insomnia*
Instalações: *facilities*
Instruções: *instructions*
Instrutor: *instructor*
Interessante(s): *interesting*
Intérprete: *interpreter*
Interruptor de luz: *switch*
Interurbano: *long-distance call*
Inverno: *winter*

Ir: *to go/went/gone*
Isqueiro: *lighter*

J

Janeiro: *January*
Janela: *window*
Jantar: *dinner*
Jardim: *garden*
Jardim botânico: *botanical garden*
Jet ski: *jet-ski*
Joalheria: *jeweller*
Jogar (esportes): *to play/played/played*
Jogar (cassino): *to gamble/gambled/ gambled*
Jogo: *game*
Jornal: *newspaper*
Jovem; jovens: *young*
Julho: *July*
Junho: *June*

K

Karaokê: *karaoke*
Ketchup: *ketchup*

L

Lã: *wool*
Ladrão: *thief*
Lago: *lake*
Lagoa: *pond*
Lâmina de barbear: *razor blade*
Lâmpada: *bulb*
Lancha: *motorboat*
Lanche: *snack*
Lanchonete: *snack bar; diner; coffee shop; café*
Lanterna: *flashlight (EUA); torch (Ingl.)*

Largo(a)/(os)/(as): *wide*
Largo(a) (roupas): *loose*
Lata: *can*
Lata de lixo: *trash can/garbage can (EUA); dustbin/litter bin (Ingl.)*
Lavagem a seco: *dry cleaning*
Lavagem de roupas: *laundry service*
Lavanderia (auto-serviço): *laundromat (EUA); launderette (Ingl.)*
Legendas (filme): *subtitles*
Lembranças (presentes): *souvenirs*
Lenço: *handkerchief*
Lenço de papel: *tissue*
Lençóis: *sheets*
Lentes de contato: *contact lenses*
Lento(a)/(os)/(as): *slow*
Ler: *to read/read/read*
Leste: *east*
Levantar (da cama): *to get up/got up/ got up*
Levar: *to take/took/taken*
Leve(s): *light*
Ligar (luz, TV, rádio, ar-condicionado etc.): *to turn on/turned on/ turned on*
Ligação internacional: *international phone call*
Ligação a cobrar: *collect call*
Limite de velocidade: *speed limit*
Veja *Placas de trânsito comuns em países de língua inglesa*, p. 47.
Limpar: *to clean/cleaned/cleaned*
Limpeza: *cleaning*
Limpo(a)/(os)/(as): *clean*
Limusine: *limousine; limo*
Liquidação: *sale; clearance*
Liso(a) (sem estampa): *plain*

Lista telefônica: *telephone book; (telephone) directory*
Livraria: *bookstore (EUA); bookshop (Ingl.)*
Litro: *liter*
Livre: *free*
Livro: *book*
Local: *place; spot*
Localização: *location*
Loção: *lotion*
Loção após-barba: *aftershave*
Logo: *soon*
Loja: *store (EUA); shop (Ingl.)*
Loja de conveniências: *convenience store*
Loja de departamento: *department store*
Lojinha de presentes (em hotéis): *gift shop*
Longe: *far; distant*
Lotado(a); cheio(a): *crowded; full*
Louça: *china*
Lua de mel: *honeymoon*
Lugar: *place*
Luva: *glove*
Luz: *light*

M

Maio: *May*
Maiô: *bathing suit*
Mais: *more*
Maitre: *head waiter*
Mala: *bag; suitcase*
Maleta de mão: *briefcase*
Mal-educado(a)/(os)/(as): *impolite; rude*
Mal-entendido: *misunderstanding*

Mamadeira: *bottle*
Manga (de roupa): *sleeve*
Manhã: *morning*
Manicure: *manicure*
Mapa: *map*
Mapa rodoviário: *road map*
Maquiagem: *make-up*
Máquina de lavar: *washing-machine*
Máquina fotográfica: *câmera*
Máquina para fazer café: *coffeemaker*
Mar: *sea*
Marcar um horário: *make an appointment*
Março: *March*
Marron: *brown*
Matinê: *matinee*
Mau(s): *bad*
Mecânico: *mechanic*
Médico(a): *doctor*
Medidas: *measures*
Melhor do que: *better than*
Mensagem: *message*
Mercado: *market*
Mergulhar: *to dive/dived/dived*
Mês: *month*
Mesa: *table*
Mesmo: *even*
Mesquita: *mosque*
Metade: *half*
Metrô: *subway (EUA); underground/tube (Ingl.)*
Milhagem: *mileage*
Mirante: *viewpoint*
Missa: *mass*
Mobília: *furniture*
Mochila: *backpack; rucksack*
Moderno(a)/(os)/(as): *modern*

Moeda: *coin*
Moeda corrente: *currency*
Montanha: *mountain*
Montanha-russa: *roller coaster*
Morar: *to live/lived/lived*
Mordomo: *butler*
Morro: *hill*
Mosca: *fly*
Mosteiro: *monastery*
Mostrar: *to show/showed/showed*
Motorista: *driver*
Muçulmano: *muslim*
Mudar: *to change/changed/changed*
Muito: *a lot*
Muletas: *crutches*
Multa: *fine*
Multa de trânsito: *(traffic) fine; ticket*
Multar: *to fine/fined/fined*
Museu: *museum*
Música: *music*

N

Nacionalidade: *nationality*
Nada: *nothing*
Nadar: *to swim/swam/swum*
Não perturbe: *don't disturb*
Natação: *swimming*
Natal: *Christmas*
Navio: *ship*
Neblina: *fog*
Nevar: *to snow/snowed/snowed*
Neve: *snow*
No exterior: *abroad*
Norte: *north*
Novembro: *November*
Novo(a)/(os)/(as): *new*
Nublado: *cloudy*

Nunca: *never*

O

Obrigado: *thank you*
Oceano: *ocean*
Oceano Atlântico: *Atlantic Ocean*
Oceano Pacífico: *Pacific Ocean*
Óculos: *glasses*
Óculos de sol: *sunglasses*
Ocupado(a)/(os)/(as): *busy*
Oeste: *west*
Oficina mecânica: *garage*
Onda: *wave*
Ônibus: *bus*
Ontem: *yesterday*
Ópera: *opera*
Orquestra: *orchestra; band*
Ótimo(a)/(os)/(as): *great*
Ouro: *gold*
Outono: *fall; autumn*
Outubro: *October*
Ouvir: *to hear/heard/heard*

P

Paciente (subs.): *patient*
Paciente(s) (adj.): *patient*
Pacote: *package (EUA); packet (Ingl.)*
Padaria: *bakery*
Padre: *priest*
Pagamento: *payment*
Pagar: *to pay/paid/paid*
País: *country*
Palácio: *palace*
Palito de dente: *toothpick*
Panela: *pan*
Pano: *cloth*
Papel higiênico: *toilet paper*

Parabéns: *congratulations*
Parar: *to stop/stopped/stopped*
Parlamento: *parliament*
Parque: *park*
Parque de diversões: *amusement park*
Parque temático: *theme park*
Parquímetro: *parking meter*
Parquinho para crianças: *playground*
Partida (aviões): *departure*
Passagem; bilhete: *ticket*
Passagem aérea: *air ticket*
Passagem de ida e volta: *round-trip ticket*
Passagem só de ida: *one-way ticket*
Passaporte: *passport*
Passar a ferro: *to iron/ironed/ironed; to press/pressed/pressed*
Passar férias: *spend vacation*
Pássaro: *bird*
Passeio turístico: *sightseeing tour*
Passeio de barco: *boat trip*
Pasta de dente: *toothpaste*
Patim (para andar no gelo): *ice skate*
Patim (de rodas): *roller skate*
Patinação: *skating*
Pedaço: *piece*
Pedágio: *toll*
Pedicure: *pedicure*
Pedir; fazer o pedido (restaurantes, lanchonetes etc.): *to order/ordered/ordered*
Pedras preciosas: *gems*
Pegar (ônibus, metrô, trem): *to take/took/taken; to catch/caught/caught*
Peixe: *fish*
Pele: *skin*

Pelo menos: *at least*
Penhasco: *cliff*
Pensão: *guesthouse*
Pensão completa: *full board*
Pensar: *to think/thought/thought*
Pente: *comb*
Pentear: *to comb/combed/combed*
Pequeno(a)/(os)/(as): *small*
Perder: *to lose/lost/lost*
Perder (vôo, ônibus, trem etc.): *to miss/missed/missed*
Perdido(a)/(os)/(as): *lost*
Pergunta: *question*
Perigo: *danger*
Perigoso(a)/(os)/(as): *dangerous*
Pérola: *pearl*
Pertencer: *to belong/belonged/belonged*
Perto: *near*
Perturbar: *to disturb/disturbed/disturbed*
Pesado(a)/(os)/(as): *heavy*
Pescar: *go fishing*
Pia: *sink*
Piada: *joke*
Picada de inseto: *insect bite*
Pilha: *battery*
Pílula: *pill*
Pingar: *to drip/dripped/dripped*
Pior do que: *worse than*
Piquenique: *picnic*
Piscina: *swimming pool; pool*
Piscina coberta: *indoor swimming pool*
Placa: *sign*
Polícia: *police*
Ponte: *bridge*

Ponto de encontro: *meeting point*
Ponto de ônibus: *bus stop*
Ponto de táxi: *taxi stand/cabstand (EUA); taxi rank (Ingl)*
Pôr; colocar: *to put/put/put*
Porção: *portion*
Pôr-do-sol: *sunset*
Porto: *port; harbor*
Portão: *gate*
Porteiro: *doorman (EUA); porter (Ingl.)*
Posto de gasolina: *gas station (EUA); petrol station (Ingl.)*
Praça: *square*
Praça de alimentação: *food court*
Praia: *beach*
Prato (culinária): *dish*
Prato principal: *main course; main dish*
Precisar: *to need/needed/needed*
Preço: *price*
Prédio: *building*
Preencher (formulário, ficha): *to fill in/filled in/filled in*
Preferido(a): *favorite*
Presente: *gift*
Preto(a)/(os)/(as): *black*
Previsão do tempo: *weather forecast*
Primavera: *spring*
Procurar: *to look for/looked for/looked for*
Proibido estacionar: *no parking*
Pronto(a)/(os)/(as): *ready*
Protetor solar: *sunscreen; sunblock*
Provador (lojas): *fitting room*
Pulga: *flea*
Pulseira: *bracelet*

Q

Quadra de esportes: *court*
Quadra de basquete: *basketball court*
Quadra de tênis: *tennis court*
Quadro (pintura): *painting*
Quando: *when*
Quantia: *amount*
Quanto(a): *how much*
Quantos(as): *how many*
Quarta-feira: *Wednesday*
Quarteirão: *block*
Quarto (dormitório): *bedroom*
Quarto de solteiro: *single room*
Quarto de casal: *double room*
Quarto com café-da-manhã: *bed and breakfast*
Quase: *almost*
Quem: *who*
Quente: *hot*
Quilo: *kilo*
Quilograma: *kilogram*
Quilometragem: *mileage*
Quilometragem livre: *free mileage; unlimited mileage*
Quilômetro: *kilometer*
Quinta-feira: *Thursday*

R

Rainha: *queen*
Ramal de telefone: *extension (number)*
Rápido(a)/(os)/(as): *quick*
Raquete: *racket*
Rebocar: *to tow/towed/towed*
Recado: *message*
Receita médica: *prescription*
Receita culinária: *recipe*

Recepção: *front desk; reception*
Recibo: *receipt*
Reclamações: *complaints*
Recomendar: *to recommend/recommended/recommended*
Recusar: *to refuse/refused/refused*
Reembolso: *refund*
Refeição: *meal*
Refrigerante: *soft drink*
Região: *region*
Religião: *religion*
Relógio de parede/mesa: *clock*
Relógio de pulso: *watch*
Remédio: *medicine*
Reservar (mesa, hotel): *to book/booked/booked*
Reserva: *reservation*
Resort: *resort*
Ressaca: *hangover*
Revista: *magazine*
Riacho: *stream; brook; creek*
Rinque de patinação: *skating rink*
Rio: *river*
Rir: *to laugh/laughed/laughed*
Rodovia: *road; highway; freeway (EUA); motorway (Ingl.)*
Rodovia pedagiada: *toll road*
Rótulo: *label*
Roubado: *stolen*
Roubar: *to steal/stole/stolen*
Roubo: *robbery; theft*
Roupa de banho: *swimsuit*
Roupa de mergulho: *wetsuit*
Roupas: *clothes*
Roupa de cama: *bedclothes*
Roxo(a)/(os)/(as): *purple*
Rua de mão dupla: *two-way street*
Rua de mão única: *one-way street*
Rua principal: *main street*
Rua sem saída: *dead end*

S

Sábado: *Saturday*
Saber: *to know/knew/known*
Sabonete: *soap*
Saca-rolhas: *corkscrew*
Sacar (dinheiro): *to withdraw/withdrew/withdrawn*
Saco: *bag*
Saco de dormir: *sleeping bag*
Saco plástico: *plastic bag*
Saguão (de hotel, teatro): *lobby*
Saguão de aeroporto, estação ferroviária etc.: *concourse*
Saída: *exit; way out*
Saída de emergência: *emergency exit*
Sair; deixar: *to leave/left/left*
Sala de espera: *waiting room*
Sala de embarque: *departure lounge*
Sala de ginástica: *gym; fitness center*
Salão de jogos: *game room*
Salva-vidas: *lifeguard*
Sanduíche: *sandwich*
Sangrar: *to bleed/bled/bled*
Saudações: *greetings*
Saúde: *health*
Saúde! (ao fazer um brinde): *Cheers!*
Sauna: *sauna*
Secretária eletrônica: *answering machine*
Secador de cabelo: *hairdryer*
Seda: *silk*
Segunda-feira: *Monday*
Segurança: *safety*

Seguro(a)/(os)/(as) (adj.): *safe*
Seguro (de carro, casa etc.): *insurance*
Seguro saúde: *health insurance*
Seguro total: *full insurance*
Seguradora: *insurance company*
Selo: *stamp*
Sem: *without*
Semáforo: *traffic lights*
Semana: *week*
Sempre: *always*
Sentar: *to sit/sat/sat*
Separados (independentes): *separate*
Serviço de despertador: *wake-up call service*
Serviço de manobrista: *valet parking; valet service; valet*
Serviço de quarto: *room service*
Setembro: *september*
Sexta-feira: *Friday*
Shopping: *shopping center; mall*
Silêncio: *silence*
Silencioso(a)/(os)/(as): *quiet*
Sinagoga: *synagogue*
Sinuca: *snooker*
Site na internet: *website*
Smoking: *tuxedo; tux*
Sobremesa: *dessert*
Socorro: *help*
Soletrar: *to spell/spelled/spelled*
Solteiro(a): *single*
Sorvete: *ice cream*
Sozinho(a)/(os)/(as): *alone*
Sugerir: *to suggest/suggesed/suggested*
Sujo(a)/(os)/(as): *dirty*
Sul: *south*

Superlotação (aviões): *overbooking*
Supermercado: *supermarket*
Supervisionar: *to supervise/supervised/supervised*
Suvenir (lembrança; recordação): *souvenir*

T

Talão de cheques: *checkbook*
Talco: *talcum powder; talc*
Talheres: *silverware (EUA); cutlery (Ingl.)*
Talvez: *maybe; perhaps*
Tamanho: *size*
Taxa: *rate*
Taxa de câmbio: *exchange rate*
Táxi: *taxi; cab*
Teatro: *theater*
Teatro lírico: *opera house*
Tecido: *fabric*
Telefonar: *to call/called/called*
Telefone: *telephone; phone*
Telefone celular: *cell phone (EUA); mobile (Ingl.)*
Telefone público: *pay phone; public telephone*
Telefonema local: *local call*
Telefonema de longa distância: *long-distance call*
Telefonista: *operator*
Televisão: *television; TV*
Televisão a cabo: *cable TV*
Temperatura: *temperature*
Tempero: *seasoning*
Tempo (clima): *weather*
Tempo livre: *free time*
Ter: *to have/had/had*

Terça-feira: *Tuesday*
Termômetro: *thermometer*
Terno: *suit*
Térreo: *ground floor*
Tesoura: *scissors*
Teto solar: *sun roof*
Tipo de sangue: *blood type*
Tirar fotografias: *take photographs; take pictures*
Toalete: *toilet; bathroom*
Toalha: *towel*
Torneira: *faucet (EUA); tap (Ingl.)*
Torradeira: *toaster*
Touca de banho: *shower cap*
Tradução: *translation*
Traduzir: *to translate/translated/translated*
Tráfego: *traffic*
Trailer: *RV(Recreational Vehicle); trailer (EUA); caravan (Ingl.)*
Travesseiro: *pillow*
Travessia: *crossing*
Trazer: *to bring/brought/brought*
Trem: *train*
Tripulação: *crew*
Trocado: *change*
Trocar: *to change/changed/changed*
Trocar um cheque: *cash a check*
Troco: *change*
Túnel: *tunnel*
Turista: *tourist*

U

Último: *last*
Úmido(a)/(os)/(as): *damp*
Unidade: *unit*
Unidade monetária: *currency*

Uniforme: *uniform*
Urso: *bear*
Usar: *to use/used/used*
Útil, úteis: *useful*

V

Vale (comprovante de pagamento): *voucher*
Válido(a); (os); (as): *valid*
Valor: *value*
Vara de pescar: *fishing rod*
Varanda: *balcony*
Vazio(a)/(os)/(as): *empty*
Vegetariano(a)/(os)/(as): *vegetarian*
Vela: *candle*
Veleiro: *sailing boat*
Velho(a)/(os)/(as): *old*
Veneno: *poison*
Venenoso(a): *poisonous*
Ventilador: *fan*
Ver: *to see/saw/seen*
Verão: *summer*
Verdadeiro: *real*
Verde: *green*
Verificar: *to check/checked/checked*
Vermelho: *red*
Vespa: *wasp*
Viagem: *trip*
Viagem de férias: *vacation trip*
Viagem de negócios: *business trip*
Viajar: *to travel/traveled/traveled*
Viajar a negócios: *travel on business*
Vinho: *wine*
Vinho branco: *white wine*
Vinho tinto: *red wine*
Visitar: *to visit/visited/visited*
Visto de entrada: *visa*

Voltagem: *voltage*
Vomitar: *to throw up/threw up/thrown up; to vomit/vomited/vomited*
Vôo: *flight*
Vôo de conexão: *connecting flight*
Vôo fretado: *charter flight*
Vôo sem escalas: *non-stop flight*

W
Windsurfe: *windsurfing*

X
Xadrez: *chess*
Xampu: *shampoo*
Xarope: *syrup*
Xícara: *cup*

Z
Zoológico: *zoo*

Glossário Inglês-Português

A

A lot: muito
Abroad: no exterior; para o exterior; fora do país
Address: endereço
After: depois
Aftershave: loção após-barba
Against: contra
Age: idade
Air conditioner: ar-condicionado (aparelho)
Air ticket: passagem aérea
Air-conditioning: ar-condicionado
Airline (company): companhia aérea
Airline counter: balcão de companhia aérea
Airport: aeroporto
Alarm clock: despertador
Almost: quase
Alone: sozinho(a)/(os)/(as)
Always: sempre
Ambassador: embaixador
Amount: quantia
Amusement park: parque de diversões
Answering machine: secretária eletrônica
Antique shop: antiquário
Antiques: antiguidades
Apologies: desculpas
Appointment: compromisso (hora marcada)
April: abril
Arrival: chegada
Arrive/arrived/arrived: chegar
Art gallery: galeria de arte
Asa: wing
Ashtray: cinzeiro
At least: pelo menos
Atlantic ocean: oceano Atlântico
ATM (abreviação de Automated Teller Machine): caixa eletrônico de banco (EUA)
August: agosto
Autumn: outono
Availability: disponibilidade

Available: disponível; disponíveis
Awful: horrível

B

Backpack: mochila de colocar nas costas
Bad: mau; má; maus; más
Bag: mala; bolsa; saco
Baggage: bagagem
Baggage claim (area): local no aeroporto onde os passageiros retiram sua bagagem; esteira
Bakery: padaria
Balcony: varanda; sacada
Band: orquestra
Bank: banco
Barbecue; BBQ (abreviação): churrasco
Bath: banho
Bathing suit: maiô
Bathroom: banheiro
Bathtub: banheira
Battery: bateria; pilha
B&B (Bed and Breakfast): quarto com café-da-manhã
Beach: praia
Bear: urso
Beard: barba
Beautiful: bonito(a)/(os)/(as)
Bed and breakfast; B&B: quarto com café-da-manhã
Bed: cama
Bedclothes: roupa de cama
Bedding: roupa de cama
Bedroom: quarto; dormitório
Begin/began/begun: começar

Belong/belonged/belonged: pertencer
Belt: cinto
Better than: melhor do que
Bicycle: bicicleta
Big: grande
Bike lane: ciclovia
Bill (Ingl.): conta
Billiards: bilhar
Binoculars: binóculos
Bird: pássaro
Black: preto(a)/(os)/(as)
Blanket: cobertor
Bleed/bled/bled: sangrar
Block: quarteirão
Blocked: entupido(a)/(os)/(as)
Blood type: tipo de sangue
Blue: azul
Boarding: embarque
Boarding-pass: cartão de embarque
Boat trip: passeio de barco
Boat: barco
Boiled: fervido(a)/(os)/(as)
Book/booked/booked: reservar (mesa, hotel)
Book: livro
Bookshop (Ingl.): livraria
Bookstore (EUA): livraria
Botanical garden: jardim botânico
Bother/bothered/bothered: incomodar
Bottle opener: abridor de garrafas
Bottle: garrafa; mamadeira
Box office: bilheteria (cinema, teatro)
Bracelet: pulseira
Breakfast: café-da-manhã
Bridge: ponte

Briefcase: maleta de mão
Bring/brought/brought: trazer
Brochure: folheto
Brook: riacho
Brown: marron(s)
Bruise: hematoma
Brunch: brunch; café-da-manhã tardio e reforçado, que normalmente inclui pratos tanto do café-da-manhã quanto do almoço Veja mais informações na p. 72.
Brush: escova
Building: prédio
Bulb: lâmpada
Bunk (bed): beliche
Bus: ônibus
Busboy: ajudante de garçom; cumin
Bus station: estação rodoviária
Bus stop: ponto de ônibus
Business class: classe executiva
Business hours: horário comercial
Business trip: viagem de negócios
Busy: ocupado(a)/(os)/(as)
Butler: mordomo
Button: botão
Buy/bought/bought: comprar

C

Cab: táxi
Cable T.V.: televisão a cabo
Café: pequeno restaurante; lanchonete
Call/called/called: telefonar
Camera: máquina fotográfica
Camp: acampamento
Campground (EUA): camping
Campsite (Ingl.): camping

Can opener: abridor de latas
Can: lata
Candle: vela
Cap: boné
Car park (Ingl.): estacionamento
Caravan (Ingl.): trailer; reboque
Carry-on luggage: bagagem de mão
Cash/cashed/cashed: descontar (cheques)
Cashier: caixa (pessoa)
Cashpoint ® (Ingl.): caixa eletrônico de banco
Cash a check: trocar um cheque
Cash machine (Ingl): caixa eletrônico de banco
Casino: cassino
Castle: castelo
Catch/caught/caught: pegar (ônibus, metrô, trem)
Cathedral: catedral
Catholic: católico(a)/(os)/(as)
Cave: caverna
Cell phone (EUA): telefone celular
Cemetery: cemitério
Central heating: aquecimento; calefação central
Ceramics: cerâmica
Certificate: certificado
Chair: cadeira
Chambermaid: camareira; arrumadeira
Change/changed/changed: mudar
Change/changed/changed: trocar
Change: trocado
Change: troco
Charter flight: vôo fretado
Cheap: barato(a)/(os)/(as)

GLOSSÁRIO INGLÊS / PORTUGUÊS

Check (EUA): conta (restaurante); cheque
Check/checked/checked: verificar
Checkbook: talão de cheques
Checkout attendant: caixa (em supermercados etc.)
Cheers!: Saúde! (ao fazer um brinde)
Chemist's (Ingl): farmácia
Chess: xadrez
Child: criança
China: louça
Choose/chose/chosen: escolher
Christmas: Natal
Church: igreja
Cigar: charuto
Clean/cleaned/cleaned: limpar
Clean: limpo(a)/(os)/(as)
Cleaner: faxineira
Cleaning: limpeza
Cliff: penhasco
Clock: relógio de parede/mesa
Clogged: entupido(a)/(os)/(as)
Close/closed/closed: fechar
Closed: fechado(a)/(os)/(as)
Cloth: pano
Clothes: roupas
Cloudy: nublado(a)/(os)/(as)
Coast: costa (litoral)
Cockpit: cabine do comandante
Cockroach: barata
Code: código
Coffeemaker: máquina para fazer café
Coffee shop: lanchonete
Coin: moeda
Cold: frio(a)/(os)/(as)
Collect call: ligação a cobrar
Color: cor
Comb/combed/combed: pentear
Comb: pente
Comfortable: confortável
Commission: comissão
Company: companhia; empresa
Compartment: compartimento
Compass: bússola
Complaints: reclamações
Complimentary: de cortesia; grátis
Concert: concerto
Concierge: funcionário em hotel que ajuda os hóspedes com informações sobre lugares para visitar, restaurantes etc.
Concourse: saguão de aeroporto, estação ferroviária etc.
Conditioner: condicionador
Confirm/confirmed/confirmed: confirmar
Congratulations: parabéns
Connecting flight: vôo de conexão
Connection: baldeação; conexão
Consulate: consulado
Contact lenses: lentes de contato
Convenience store: loja de conveniências
Cook/cooked/cooked: cozinhar
Cook: cozinheiro(a)
Copy: cópia
Corkscrew: saca-rolhas
Corner: esquina
Cost/cost/cost: custar
Country: país
Court: quadra de esportes
Credit card: cartão de crédito
Credit: crédito

Creek: riacho
Crew: tripulação
Cross: cruz
Crossing: travessia
Crosswalk (EUA): faixa de pedestre
Crowded: lotado(a)/(os)/(as)
Cruise: cruzeiro
Crutches: muletas
Crystal: cristal
Cue: taco de sinuca
Cup: xícara
Currency: moeda corrente; unidade monetária
Curtains: cortinas
Customs: alfândega
Cut: corte
Cutlery (Ingl.): talheres
Cyber café: cyber café; café com pontos de acesso à Internet

D

Daily rate: diária de hotel
Daily: diariamente
Damage/damaged/damaged: danificar
Damaged: danificado
Damp: úmido(a)/(os)/(as)
Dance/danced/danced: dançar
Dance: dança
Danger: perigo
Dangerous: perigoso(a)/(os)/(as)
Dark: escuro(a)/(os)/(as)
Date: data
Dead end: rua sem saída
Deck chair: espreguiçadeira
Declare/declared/declared: declarar
Deep: fundo

Defrost/defrosted/defrosted: descongelar
Degrees: graus
Delay: atraso
Delicious: delicioso(a)/(os)/(as)
Deliver/delivered/delivered: entregar
Delivery: entrega
Department store: loja de departamento
Departure lounge: sala de embarque
Departure: partida (aviões)
Deposit: depósito
Depot (EUA): estação rodoviária ou ferroviária
Dessert: sobremesa
Destination: destino
Details: detalhes
Diamond: diamante
Diaper (EUA): frauda
Diesel: diesel
Diet: dieta
Difficult: difícil; difíceis
Diner: lanchonete
Dinner: jantar
Direction: direção
Direct/directed/directed: indicar
Direct: direto
Directory: lista telefônica
Dirty: sujo(a)/(os)/(as)
Disabled: deficiente físico
Discount: desconto
Dish: prato (culinária)
Disturb/disturbed/disturbed: incomodar; perturbar
Dive/dived/dived: mergulhar
Divorced: divorciado(a)/(os)/(as)

Dob (abreviação de Date of birth): data de nascimento
Doctor: médico(a)
Don't disturb: não perturbe
Double room: quarto de casal
Drink/drank/drunk: beber
Drink: bebida
Drinking water: água potável
Drip/dripped/dripped: pingar
Drive/drove/driven: dirigir
Driver: motorista
Driver's license: carteira de motorista
Drugstore (EUA): farmácia
Dry cleaning: lavagem a seco
DSL: (abreviação de Digital Subscriber Line): linha telefônica com aparelho especial que permite receber ou enviar informações pela Internet em alta velocidade; Internet de banda larga
Dubbed: dublado
Dustbin (Ingl.): lata de lixo

E

Early: cedo
Earrings: brincos
East: leste
Easy: fácil; fáceis
Eat/ate/eaten: comer
Economy class: classe econômica
Electric shaver: barbeador elétrico
Elevator (EUA): elevador
E-mail address: endereço de e-mail
E-ticket: bilhete eletrônico
Embassy: embaixada
Embroidery: bordado
Emergency exit: saída de emergência

Empty: vazio(a)/(os)/(as)
Enjoy your meal!: bom apetite!
Enjoy yourself: divertir-se
Enjoy/enjoyed/enjoyed: gostar; apreciar
Enter/entered/entered: entrar
Entrance: entrada (de um prédio, de uma casa)
Envelope: envelope
Equipment: equipamento
Escalator: escada rolante
Even: mesmo
Exchange rate: taxa de câmbio
Excursion: excursão
Excuse me: com licença
Exit: saída
Expensive: caro(a)/(os)/(as)
Extension (number): ramal de telefone
Extra charge: custo adicional

F

Fabric: tecido
Facilities: instalações
Faint/fainted/fainted: desmaiar
Fall: outono
Famous: famoso(a)/(os)/(as)
Fan: ventilador
Far: longe
Fast: rápido(a)/(os)/(as)
Fast food: comida preparada e servida com rapidez e que normalmente também pode ser pedida para viagem ou para ser entregue em casa (ex.: hambúrguer, pizza, esfiha etc.)
Faucet (EUA): torneira

Favorite: preferido(a)/(os)/(as)
February: fevereiro
Ferry; ferryboat: balsa
Fill in/filled in/filled in: preencher (formulário, ficha)
Financial district: centro financeiro
Find/found/found: achar; encontrar
Fine: multa
Fire alarm: alarme de incêndio
Fire brigade; firemen: bombeiros
Fire escape: escada de emergência (do lado de fora do prédio)
Fire extinguisher: extintor de incêndio
Fish: peixe
Fishing rod: vara de pescar
Fitness center: sala de ginástica
Fitting room: provador (em lojas)
Five-star hotel: hotel cinco estrelas
Fix/fixed/fixed: consertar
Flash: flash (máquina fotográfica)
Flashlight (EUA): lanterna
Flatiron: ferro de passar roupa
Flea: pulga
Flight attendant: comissário(a) de bordo
Flight: vôo
Flower: flor
Flush/flushed/flushed: dar descarga
Fly: mosca
Fog: neblina
Fogo: fire
Food court: praça de alimentação
Food: comida
Forest: floresta
Fork: garfo
Form: ficha; formulário
Form: formulário

Fountain: chafariz, fonte
Foyer: hall de entrada
Free mileage: quilometragem livre
Free of charge: gratuito
Free time: tempo livre
Free: livre; gratuito
Freeway (EUA): rodovia; estrada
Freezer: congelador
Fresh: fresco(a)/(os)/(as)
Friday: sexta-feira
Fridge (Ingl.): geladeira
Front desk: recepção
Frost: geada
Fruit: fruta
Fuel: combustível
Full board: pensão completa
Full insurance: seguro total
Full: cheio(a)/(os)/(as)
Full: cheio(a)/(os)/(as)
Fun: divertido
Funny: engraçado(a)/(os)/(as)
Furniture: mobília

G

Gamble/gambled/gambled: jogar (cassino)
Game: jogo
Garage: oficina mecânica; garagem
Garbage can (EUA): lata de lixo
Garçonete: waitress
Garden: jardim
Gas (EUA): gasolina
Gas station (EUA): posto de gasolina
Gate: portão
Gems: pedras preciosas
Get up/got up/got up: levantar (da cama)

Gift shop: lojinha de presentes (em hotéis)
Gift: presente
Give/gave/given: dar
Glass: copo
Glasses: óculos
Glove: luva
Go camping: acampar
Go fishing: pescar
Go shopping: fazer compras
Go/went/gone: ir
Gold: ouro
Golf club: taco de golfe
Good luck: boa sorte
GPS (abreviação de Global Positioning System): aparelho de localização via satélite, que informa ao motorista como chegar a um destino. Acessório cada vez mais comum em automóveis de aluguel
Grams: gramas (medida de peso)
Grass: grama
Gratuity: gorjeta
Graveyard: cemitério
Great: ótimo
Green: verde(s)
Greetings: saudações
Grey: cinzento
Grilled: grelhado(a)/(os)/(as)
Ground floor: térreo
Ground: chão
Group: grupo
Guest: hóspede
Guesthouse: pensão
Guide: guia
Guided tour: passeio com o acompanhamento de guia

Gym: sala de ginástica; academia

H

Hair brush: escova de cabelo
Haircut: corte de cabelo
Hairdryer: secador de cabelo
Half: metade
Hall: hall de entrada
Hand luggage: bagagem de mão
Handbag: bolsa de mão
Handicapped: deficiente físico
Handicraft(s): artesanato
Handkerchief: lenço
Hanger: cabide
Hangover: ressaca
Happen/happened/happened: acontecer
Happy Birthday: feliz aniversário
Happy New Year: feliz ano-novo
Harbor: porto
Hard: duro(a)/(os)/(as)
Hard shoulder (Ingl.): acostamento
Hat: chapéu
Have a good time: divertir-se
Have fun: divertir-se
Have/had/had: ter
Head waiter: maitre
Health insurance: seguro saúde
Health: saúde
Health club: academia
Hear/heard/heard: ouvir
Heater: aquecedor
Heating: aquecimento
Heavy: pesado(a)/(os)/(as)
Help/helped/helped: ajudar
Help: ajuda, socorro
High (coisas): alto(a)/(os)/(as)

Highway: rodovia, estrada
Hill: morro
Holiday: feriado
Holidays (Ingl.): férias
Honeymoon: lua-de-mel
Horse: cavalo
Hospital: hospital
Host: anfitrião
Hostess: anfitriã
Hot: quente(s)
Hotel: hotel
Hour: hora
Housekeeping: governança
How many: quantos (as)
How much: quanto (a)

I

Ice cream: sorvete
Ice skate: patim (para andar no gelo)
Ice: gelo
Illegal: ilegal; ilegais
Impolite: mal-educado
In advance: com antecedência
Include/included/included: incluir
Included: incluso(a)/(os)/(as)
Indisgestion: indigestão
Indoor swimming pool: piscina coberta
Infection: infecção
Information desk: balcão de informações
Information: informações
Injury: ferimento
Insect bite: picada de inseto
Insect: inseto
Inside: dentro
Insomnia: insônia

Instructions: instruções
Instructor: instrutor
Insurance company: seguradora
Insurance policy: apólice de seguro
Insurance: seguro (de carro, casa etc.)
Interesting: interessante(s)
Interpreter: intérprete
Interstate (EUA): rodovia federal entre estados americanos
Introduce/introduced/introduced: apresentar (uma pessoa para outra)
Invitation: convite
Iron/ironed/ironed: passar a ferro
Iron: ferro de passar roupa
Island: ilha

J

Jacuzzi: hidromassagem
January: Janeiro
Jet-ski: jet ski
Jeweller: joalheria
Joke: piada
July: julho
June: junho

K

Karaoke: karaokê
Ketchup: ketchup
Key: chave
Kilo: quilo
Kilogram: quilograma
Kilometer: quilômetro
Kind: gentil; gentis
King-size bed: cama king-size
Knife: faca
Know/knew/known: saber

L

Label: rótulo
Lake: lago
Large: grande
Last/lasted/lasted: durar
Last: último
Late: atrasado(a)/(os)/(as)
Laugh/laughed/laughed: rir
Launderette (Ingl.): lavanderia (auto-serviço)
Laundromat (EUA): lavanderia (auto-serviço)
Laundry service: serviço de lavanderia
Lawn: gramado
Leather: couro
Leave/left/left: sair; deixar
Left: esquerda
Lend/lent/lent: emprestar
Length: comprimento
Library: biblioteca
Lifeboat: bote salva-vidas
Lifeguard: salva-vidas
Life jacket: colete salva-vidas
Life vest: colete salva-vidas
Lift (Ingl.): elevador
Light (adj.): leve(s)
Light (subs.): luz
Lighter: isqueiro
Like/liked/liked: gostar
Limo (abreviação de limousine): limusine
Limousine: limusine
Lipstick: batom
Liter: litro
Litter bin (Ingl.): lata de lixo
Live/lived/lived: morar
Lobby: saguão (de hotel, teatro)
Local call: chamada telefônica local
Location: localização
Lock: fechadura
Locker: guarda-volume; armário (em estações de trem, hotéis, aeroportos etc.)
Long-distance call: interurbano
Long: comprido(a)/(os)/(as)
Look for/looked for/looked for: procurar
Loose(roupas): largo(a)/(os)/(as)
Lose/lost/lost: perder
Lost and found: achados e perdidos
Lost: perdido(a)/(os)/(as)
Lotion: loção
Loud: alto(a)/(os)/(as) (sons)
Low: baixo(a)/(os)/(as) (sons, coisas)
Luggage: bagagem
Lunch: almoço

M

Magazine: revista
Mailman (EUA): carteiro
Main course: prato principal
Main dish: prato principal
Main street: rua principal
Make a wire transfer: fazer uma transferência eletrônica; fazer um doc
Make an appointment: marcar um horário
Make out a check: fazer um cheque; preencher um cheque
Make-up: maquiagem
Mall: shopping
Manager: gerente

Manicure: manicure
Map: mapa
March: março
Market: mercado
Married: casado(a)/(os)/(as)
Mass: missa
Matches: fósforos
Matinee: matinê
Mattress: colchão
May: maio
Maybe: talvez
Meal: refeição
Measures: medidas
Mechanic: mecânico
Medicine: remédio
Meet/met/met: encontrar (pessoas); conhecer alguém pela primeira vez
Meeting point: ponto de encontro
Menu: cardápio
Merry Christmas: feliz natal
Message: mensagem, recado
Microwave oven: forno de microondas
Migraine: enxaqueca
Mileage: milhagem; quilometragem
Mineral water: água mineral
Minibar: frigobar
Mirror: espelho
Miss/missed/missed: perder (vôo, ônibus, trem etc.)
Missing: faltando
Mistake: erro
Misunderstanding: mal-entendido
Mobile (Ingl.): telefone celular
Modern: moderno(a)/(os)/(as)
Monastery: mosteiro
Monday: segunda-feira

Money: dinheiro
Month: mês
More: mais
Morning: manhã
Mosque: mesquita
Motel: hotel para pessoas que viajam de carro
Veja *Dica legal 5*, p. 56.
Motorboat: lancha
Motorway (Ingl.): rodovia; estrada
Mountain: montanha
Moustache: bigode
Mouth: boca
Mug: caneca
Museum: museu
Music: música
Muslim: muçulmano

N

Nail polish: esmalte
Napkin: guardanapo
Nappy (Ingl): fralda
Narrow: estreito(a)/(os)/(as)
Nationality: nacionalidade
Near: perto
Necklace: colar
Need/needed/needed: precisar
Never: nunca
New: novo(a)/(os)/(as)
Newspaper: jornal
Newsstand: banca de jornal
Night club: boate
Noisy: barulhento(a)/(os)/(as)
Non-stop flight: vôo sem escalas
No parking: proibido estacionar
No-show: passageiro que não comparece para o vôo

No smoking: proibido fumar
No(n)-smoking area: área para não fumantes
North: norte
Nothing: nada
November: novembro
Now: agora
Nurse: enfermeira

O

Ocean: oceano
October: outubro
Office: escritório
Old town: cidade velha
Old: velho(a)/(os)/(as)
One-way street: rua de mão única
One-way ticket: passagem só de ida
On the rocks: com gelo
Open/opened/opened: abrir
Open: aberto(a)/(os)/(as)
Opera house: teatro lírico
Opera: ópera
Operator: telefonista
Orchestra: orquestra
Order/ordered/ordered: pedir; fazer o pedido (restaurantes, lanchonetes etc.)
Out of order: quebrado; enguiçado (elevadores, máquinas etc.)
Out of stock: esgotado (mercadoria)
Oven: forno
Overbooking: superlotação (aviões)
Owe/owed/owed: dever (dinheiro a alguém)
Owner: dono(a)

P

Pacific ocean: oceano Pacífico
Pack/packed/packed: fazer as malas
Package (EUA): pacote
Packet (Ingl.): pacote
Painting: quadro (pintura)
Palace: palácio
Pan: panela
Paper napkin: guardanapo de papel
Park/parked/parked: estacionar
Park: parque
Parking lot (EUA): estacionamento
Parking meter: parquímetro
Parliament: parlamento
Party: festa
Passport: passaporte
Patient (adj.): paciente(s)
Patient (subs.): paciente
Pavement (Ing.): calçada
Pay phone: telefone público
Pay/paid/paid: pagar
Payment: pagamento
Pearl: pérola
Pedestrian crossing (Ingl.): faixa de pedestre
Pedicure: pedicure
People: gente; pessoas
Perhaps: talvez
Petrol (Ingl.): gasolina
Petrol station (Ingl.): posto de gasolina
Photo: fotografia
Picture: fotografia
Photographer: fotógrafo(a)
Pick up/picked up/picked up: buscar (pegar alguém em algum lugar)
Picnic: piquenique
Piece: pedaço

Pill: comprimido
Pill: pílula
Pillow: travesseiro
Pillowcase: fronha
Place: local; lugar
Plain: liso(a); sem estampa
Plastic bag: saco plástico
Play/played/played: jogar (esportes)
Playground: parquinho para crianças
Pleasant: agradável
Plumber: encanador
Poison: veneno
Poisonous: venenoso(a)/(os)/(as)
Police station: delegacia de polícia
Police: polícia
Pond: lagoa
Pool: piscina
Popular: conhecido(a)/(os)/(as)
Port: porto
Porter: carregador de bagagem (EUA); porteiro (Ingl.)
Portion: porção
Post card: cartão postal
Post office: agência dos correios
Postcode (Ingl.): código postal
Postman (Ingl.): carteiro
Power failure: falta de energia
Pregnant: grávida
Prescription: receita médica
Press/pressed/pressed: passar a ferro
Price: preço
Priest: padre
Pub: pub; bar
Pump: bomba (de gasolina; de bicicleta)
Purple: roxo(a)/(os)/(as)
Put/put/put: pôr; colocar

Q

Queen: rainha
Question: pergunta
Quick: rápido(a)/(os)/(as)
Quickly: depressa
Quiet: silencioso

R

Race: corrida
Racecourse (Ingl.): hipódromo
Racetrack (EUA): hipódromo
Racket: raquete
Railroad (EUA): ferrovia
Railway (Ingl.): ferrovia
Rain/rained/rained: chover
Rate: taxa
Razor blade: lâmina de barbear
Razor: barbeador
Read/read/read: ler
Ready: pronto(a)/(os)/(as)
Real estate agent: corretor de imóveis
Receipt: recibo
Reception: recepção
Recipe: receita culinária
Recommend/recommended/recommended: recomendar
Recreational vehicle (EUA): trailer
Red wine: vinho tinto
Red: vermelho(a)/(os)/(as)
Red-eye: vôo noturno
Refrigerator (EUA): geladeira
Refund: reembolso
Refuse/refused/refused: recusar
Region: região
Relax/relaxed/relaxed: descansar
Religion: religião
Rent/rented/rented: alugar

Rental car: carro de aluguel
Repair/repaired/repaired: consertar
Repair: conserto
Reservation: reserva
Resort: resort; complexo turístico que abriga acomodação e área de lazer
Rest/rested/rested: descansar
Restroom: banheiro (em restaurante, aeroporto, cinema etc.)
Retiree: aposentado(a)
Right: direita
River: rio
Road map: mapa rodoviário
Road: estrada
Robbery: roubo
Roller coaster: montanha-russa
Roller skate: patim (de rodas)
Room service: serviço de quarto
Round-trip ticket: passagem de ida e volta
Row: fileira
Rucksack: mochila
Rude: mal-educado(a)/(os)/(as)
Rush hour: hora do rush
RV (abreviação de Recreational Vehicle): trailer

S

Safe (adj.): seguro(a)/(os)/(as)
Safe (subs.): cofre
Safety: segurança
Safety deposit box: cofre
Sailing boat: veleiro
Sale: liquidação
Sandwich: sanduíche
Saturday: sábado
Sauna: sauna

Say/said/said: dizer
Schedule (EUA): horário
Scissors: tesoura
Sea: mar
Seafood: frutos do mar
Seasoning: tempero
Seat belt: cinto de segurança
Second hand: de segunda mão
See/saw/seen: ver
Send/sent/sent: enviar
Senior: pessoa idosa
Senior citizens: idosos
Separate: separados (independentes)
September: setembro
Serious: grave(s)
Shampoo: xampu
Share/shared/shared: dividir (um quarto etc.)
Shave/shaved/shaved: fazer a barba
Sheets: lençóis
Ship: navio
Shoe polish: graxa (para sapatos)
Shoeshine boy/man: engraxate
Shop (Ingl.): loja
Shopping center: shopping
Short (estatura): baixo(a)/(os)/(as)
Short: curto(a)/(os)/(as)
Shoulder (EUA): acostamento; ombro
Show/showed/showed: mostrar
Show: espetáculo
Shower: chuveiro; ducha
Shower cap: touca de banho
Sidewalk (EUA): calçada
Sightseeing tour: passeio turístico
Sign/signed/signed: assinar
Sign: placa
Signature: assinatura

Silence: silêncio
Silk: seda
Silverware (EUA): talheres
Single room: quarto de solteiro
Single: solteiro(a)/(os)/(as)
Sink: pia
Sit/sat/sat: sentar
Size: tamanho
Skating rink: rinque de patinação
Skating: patinação
Ski resort: estação de esqui
Ski: esqui (objeto)
Skiing (esporte): esqui
Skin: pele
Sleep/slept/slept: dormir
Sleeping bag: colchão de dormir
Sleeping bag: saco de dormir
Sleeve: manga (de roupa)
Slippery: escorregadio(a)/(os)/(as)
Slow: lento(a)/(os)/(as)
Slowly: devagar
Small: pequeno(a)/(os)/(as)
Smoke/smoked/smoked: fumar
Snack bar: lanchonete
Snack: lanche
Snooker: sinuca
Snow/snowed/snowed: nevar
Snow: neve
Soap: sabonete
Soft drink: refrigerante
Sold-out: esgotado (ingressos)
Soon: logo
Sour: azedo(a)/(os)/(as)
South: sul
Souvenir: suvenir (lembrança; recordação)
Sparkling water: água com gás

Spare tire: estepe (pneu sobressalente)
Speak/spoke/spoken: falar
Speed limit: limite de velocidade
Veja *Placas de trânsito comuns em países de língua inglesa*, p. 47.
Spell/spelled/spelled: soletrar
Spend vacation: passar férias
Spend/spent/spent: gastar (dinheiro); passar (férias etc.)
Sponge: esponja
Spoon: colher
Sport: esporte
Spring: primavera
Square: praça
Stadium: estádio
Stairs: escada
Stamp: selo
Start/started/started: começar
Statue: estátua
Stay/stayed/stayed: ficar
Stay: estadia
Steakhouse: churrascaria
Steal/stole/stolen: roubar
Steward: comissário de bordo
Stewardess: comissária de bordo; aeromoça
Stick: taco de hóquei
Stolen: roubado(a)/(os)/(as)
Stop/stopped/stopped: parar
Store (EUA): loja
Stove: fogão
Strange: estranho(a)/(os)/(as)
Stream: riacho
Strong: forte(s)
Student: estudante
Study/studied/studied: estudar
Subtitles: legendas (filme)

Subway (EUA): metrô
Subway station (EUA): estação de metrô
Suggest/suggesed/suggested: sugerir
Suit: terno
Suitcase: mala
Summer: verão
Sun roof: teto solar
Sunbathe/sunbathed/sunbathed: bronzear
Sunblock: protetor solar
Sunglasses: óculos de sol
Sunny: ensolarado(a)/(os)/(as)
Sunscreen: protetor solar
Sunset: pôr-do-sol
Supermarket: supermercado
Supervise/supervised/supervised: supervisionar
Sweet (adj.): doce(s)
Sweet (subs.): doce
Swim/swam/swum: nadar
Swimming pool: piscina
Swimming: natação
Swimsuit: roupa de banho
Switch: interruptor
Synagogue: sinagoga
Syrup: xarope

T

Table: mesa
Take a photo: tirar foto, fotografar
Take a picture: tirar foto, fotografar
Take off/took off/taken off: decolar
Take/took/taken: levar
Take/took/taken: pegar (ônibus, metrô, trem)
Takeout: comida para viagem
Take-off: decolagem
Talc: talco
Talcum powder: talco
Tall: alto(a)/(os)/(as) (pessoas)
Tan: bronzeado
Tap (Ingl.): torneira
Tax: imposto
Taxi rank (Ingl): ponto de táxi
Taxi stand/cabstand (EUA): ponto de táxi
Taxi: táxi
Team: equipe
Telephone book: lista telefônica
Telephone call: telefonema
Telephone directory: lista telefônica
Teller: caixa (funcionário em bancos)
Tennis court: quadra de tênis
Tent: barraca
Terrible: horrível
Tex-Mex: termo usado para descrever comida com influência da cozinha mexicana, normalmente condimentada e comum no Texas
Thank you: obrigado
Theater: teatro
Theft: roubo
Theme park: parque temático
Thermometer: termômetro
Thick: grosso(a)/(os)/(as)
Thief: ladrão
Think/thought/thought: pensar
Throat: garganta
Throw up/threw up/thrown up: vomitar
Thursday: quinta-feira
Ticket office: bilheteria (estação de ônibus, trem)

Ticket: passagem, ingresso, entrada, bilhete
Tight: apertado(a)/(os)/(as) (roupas)
Timetable (Ingl.): horário
Tip: gorjeta
Tissue: lenço de papel
Toaster: torradeira
Today: hoje
Toilet paper: papel higiênico
Toilet: toalete
Toll road: rodovia pedagiada
Toll: pedágio
Too much: demais
Toothbrush: escova de dente
Toothpaste: pasta de dente
Toothpick: palito de dente
Torch (Ingl.): lanterna
Tourist: turista
Tow truck: guincho (veículo)
Tow/towed/towed: guinchar
Towel: toalha
Toy: brinquedo
Traffic: tráfego; trânsito
Traffic jam: engarrafamento (trânsito)
Traffic lights: semáforo
Traffic violation: infração de trânsito
Train station: estação ferroviária
Train: trem
Translate/translated/translated: traduzir
Translation: tradução
Trash can (EUA): lata de lixo
Travel agency: agência de viagem
Travel agent: agente de viagens
Travel on business: viajar a negócios

Travel/traveled/traveled: viajar
Tray: bandeja
Trip: viagem
Tube (informal; Ingl.): metrô
Tuesday: terça-feira
Tunnel: túnel
Turn down/turned down/turned down: diminuir, abaixar (ar-condicionado, som)
Turn off/turned off/turned off: desligar (luz, TV, rádio, ar-condicionado etc.)
Turn on/turned on/turned on: ligar (luz, TV, rádio, ar-condicionado etc.)
Turn up/turned up/turned up: aumentar (ar-condicionado, som)
Tux (abreviação de tuxedo): smoking; traje formal
Tuxedo: smoking; traje formal
Two-way street: rua de mão dupla

U

Ugly: feio(a)/(os)/(as)
Umbrella: guarda-chuva
Underground (Ingl.): metrô
Underground station (Ingl.): estação de metrô
Understand/understood/understood: entender
Unfortunately: infelizmente
Uniform: uniforme
Unit: unidade
Unleaded gas (EUA): gasolina sem chumbo
Unleaded petrol (Ingl.): gasolina sem chumbo

Unlimited mileage: quilometragem livre
Unpleasant: desagradável; desagradáveis
Upgrade: mudança para uma melhor categoria, por exemplo, de classe econômica para executiva etc.
Use/used/used: usar
Useful: útil; úteis

V

Vacation (EUA): férias
Vacation trip: viagem de férias
Valet: serviço de manobrista
Valet parking: serviço de manobrista
Valet service: serviço de manobrista
Valid: válido(a)/(os)/(as)
Value: valor
Vegetarian: vegetariano(a)/(os)/(as)
Viewpoint: mirante
VIP lounge: sala VIP
Obs.: VIP: abreviação de *Very Important Person*
Visa: visto de entrada
Visit/visited/visited: visitar
Visiting hours: horário de visita
Voucher: comprovante de pagamento de estadia etc.; vale; voucher
Voltage: voltagem
Vomit/vomited/vomited: vomitar

W

Wait/waited/waited: esperar
Waiter: garçom
Waiting room: sala de espera
Waitress: garçonete
Wake up/woke up/woken up: acordar; despertar
Wake-up call service: serviço de despertador
Wallet: carteira
Washing-machine: máquina de lavar
Wasp: vespa
Watch: relógio de pulso
Water bottle: bolsa de água quente
Waterfall: cachoeira
Waterskiing: esqui aquático
Wave: onda
Way out: saída
Weather forecast: previsão do tempo
Weather: tempo (clima)
Website: site na internet
Wednesday: quarta-feira
Week: semana
Weekdays: dias úteis
Welcome to...: Bem-vindo a...
West: oeste
Wet floor: piso molhado
Wetsuit: roupa de mergulho
Wheelchair: cadeira de rodas
When: quando
White: branco(a)/(os)/(as)
White wine: vinho branco
Who: quem
Wide: largo(a)
Window: janela
Windsurfing: windsurfe
Wine: vinho
Wing: asa
Winter: inverno
With: com
Withdraw/withdrew/withdrawn: sacar (dinheiro)

Without: sem
Woods: bosque
Wool: lã
Work/worked/worked: funcionar
Worse than: pior do que
Wound: ferimento
Write/wrote/written: escrever
Wrong: errado(a)/(os)/(as)

X

X-mas (informal): Natal
X-rated: filme proibido para menores porque contém cenas ou linguagem obscena

Y

Yacht: iate
Yellow: amarelo(a)/(os)/(as)
Yesterday: ontem
YMCA (abreviação de Young Men's Christian Association): Associação Cristã de Moços
Young: jovem; jovens
Youth hostel: albergue da juventude

Z

Zebra crossing (Ingl.): faixa de pedestre
Zip code (EUA): código postal
Zoo: zoológico

Mapas e Bandeiras Estados Unidos e Reino Unido

Estados Unidos: Mapa e bandeira
United States: Map and flag

Reino Unido: Mapa e bandeira
United Kingdom: Map and flag

Guia de Áudio

Track 1: First Contacts
Greetings p. 13
Saying good-bye p. 14
Introducing yourself p. 15
Asking for personal information p. 15
Useful questions p. 16
Usual expressions p. 17
Dialogue: What's the weather like today? p. 18
Talking about the weather p. 18
The temperature: Celsius/Centigrade and Fahrenheit p. 19
The weather forecast p. 20
The weather: how you feel p. 21
Communication problems p. 22
The Alphabet: how to pronounce p. 22
Dialogue: Can you spell it please? p. 23

Track 2: Airport & Plane and other means of transportation
Dialogue: Checking in at the airport p. 25
At the airport: check-in agent's phrases p. 26
At the airport: passenger's phrases p. 27
At the airport: the customs officer's questions p. 27
Going through customs: the visitor's answers p. 28

On the plane: the crew's phrases p. 32
On the plane: the passenger's phrases p. 34
Going from the airport to the hotel p. 35
Getting a cab p. 36
Dialogue: Renting a car p. 37
Renting a car: Car rental agent phrases p. 38
Renting a car: Tourist's phrases p. 39
At the gas station p. 41
Car problems p. 43

Track 3: Accommodation

Making a hotel reservation by telephone p. 55
Types of accommodation and facilities p. 56
Checking in at the hotel p. 57
At the hotel: room service p. 58
At the hotel: problems in the room p. 59
Dialogue: Problems with the air conditioning p. 60
At the hotel: requests and needs p. 60
At the hotel: checking out p. 62
Asking for directions p. 63
Dialogue: Asking for directions p. 64
Giving directions p. 64
Phone calls: asking the operator for help p. 65
Phone calls: usual phrases p. 66

Track 4: Food & Beverage

Dialogue: Looking for a place to eat p. 69
Looking for a place to eat: usual phrases p. 70
Arriving at the restaurant p. 70
At the restaurant: asking for the menu p. 71
At the restaurant: waiter's phrases p. 71
At the restaurant: ordering p. 72
At the restaurant: ordering drinks p. 73
At the restaurant: other requests and comments p. 74
Comments at the end of the meal p. 75
Dialogue: At the snack bar p. 76

Track 5: Tourist attractions & Leisure and Entertainment

Dialogue: What places should we visit? p. 93
Planning a sightseeing tour p. 94
On a sightseeing tour p. 94

Track 6: Going Shopping

Dialogue: At the shoe store p. 103
Shopping for clothes and shoes: clerk's phrases p. 104
Shopping for clothes and shoes: customer's questions p. 105
Shopping for clothes and shoes: customer's comments p. 106
Shopping at the supermarket p. 107
Currency Exchange: exchanging money p. 111
Stores and services: usual phrases p. 119
At the post office: usual phrases p. 121
Shopping at the drugstore p. 123

Track 7: Health & Emergencies

Dialogue: A medical appointment p. 125
A medical appointment p. 126
Telling the doctor how you feel p. 127
A dental appointment p. 131
Emergencies: Useful phrases p. 132

Como acessar o áudio

Todo o conteúdo em áudio referente a este livro, você poderá encontrar nos principais serviços de streaming, a exemplo das seguintes plataformas:

Ao acessar qualquer uma dessas plataformas, será necessária a criação de uma conta de acesso (poderá ser a versão gratuita). Após, pesquise pelo título completo do livro ou pelo autor ou ainda por Disal Editora, localize o álbum ou a playlist e você terá todas as faixas de áudio mencionadas no livro.

Para qualquer dúvida, entre em contato com:
marketing@disaleditora.com.br

IMPORTANTE:
Caso você venha a encontrar ao longo do livro citações ou referências a CDs, entenda como o áudio acima indicado.

Este livro foi composto na fonte Whitney e impresso em março de 2025 pela Paym Gráfica e Editora, sobre papel offset.